国家十一五重点出版项目

中国民间艺术传承人口述史丛书
Oral Histories of Chinese Folk Arts and Crafts

"中国民间艺术传承人口述史丛书"总编委会：
主　编：王文章
副主编：王海霞
总策划：和　龑
编　委（按姓氏笔画排列）
　　　　王文章　王海霞　乌丙安　方李莉
　　　　冯建华　吕品田　邢艳琦　江　东
　　　　宋兆麟　吴颖丽　和　龑　郑　工
　　　　郭玉洁　谭　洁　戴前锋

"中国民间艺术传承人口述史丛书"编辑工作委员会：
总编辑：和　龑
委　员（按姓氏笔画排列）
　　　　王忠波　邢艳琦　吴颖丽　张维军
　　　　陈　琼　郑　颖　苗永妹　战　歌
　　　　贾宇琰　盛菊艳　韩慧强　谭　洁

影戏箭秆王

* 皮影戏表演大师齐永衡口述史

主编 ◆ 王文章
副主编 ◆ 王海霞
口述人 ◆ 齐永衡
整理者 ◆ 魏力群

中央编译出版社

"经典中国国际出版工程"项目

图书在版编目（CIP）数据

影戏箭杆王：皮影戏表演大师齐永衡口述史／王文章主编.
—北京：中央编译出版社，2010.1
（中国民间艺术传承人口述史丛书）
ISBN 978-7-5117-0036-0

Ⅰ.影… Ⅱ.王… Ⅲ.齐永衡－生平事迹 Ⅳ.K825.78

中国版本图书馆CIP数据核字（2009）第167127号

影戏箭杆王——皮影戏表演大师齐永衡口述史

出 版 人	和　龑
策划编辑	吴颖丽
责任编辑	盛菊艳
美术编辑	子　木
责任印制	尹　珺
出版发行	中央编译出版社
地　　址	北京西单西斜街36号（100032）
电　　话	（010）66509360（总编室）（010）66509246（编辑部）
	（010）66509364（发行部）（010）66509618（读者服务部）
网　　址	http://www.cctpbook.com
经　　销	全国新华书店
印　　刷	北京雅昌彩色印刷有限公司
开　　本	1/16
字　　数	110千字
印　　张	14.625
版　　次	2010年3月第1版第1次印刷
定　　价	398.00元

本社常年法律顾问：北京大成律师事务所首席顾问律师　鲁哈达
凡有印装质量问题，本社负责调换。电话：010-66509618

总 序

王文章

21世纪初，社会公众对中国非物质文化遗产保护的关注度、参与保护的热情，以及中国非物质文化遗产保护工作的有力推进，成为中国文化界乃至中国社会的重要事件。从大多数人对"非物质文化遗产"一词的内涵不知所云，到"非物质文化遗产"成为家喻户晓的词汇，人们普遍对它的具象呈现形态有了一定的认知，并支持或主动参与保护工作，说明人们在现代化进程的背景下，已经看到，由于生活水平的提升和生活方式的变化，作为传统社会生存环境下人们生活方式和生产方式的非物质文化遗产正在急剧消失的现实，而这种现实，一定会对人类社会可持续发展的前景带来不可挽回的损失。因之，全面保护非物质文化遗产已经成为全社会的共识。

但是，保护非物质文化遗产这个时代性的课题应当怎样正确解答，人们的答案并不一致。这种不一致的根源，主要是源自推动经济发展与非物质文化遗产保护之间的矛盾。把非物质文化遗产看成单纯的经济资源，在保护的名义下扭曲其本质特性过度开发，如把民族民间的原生态歌舞改变为肤浅时尚的刻板表演服务于旅游场所，或把传统手工技艺视作不具经济潜力的项目而任其式微，等等。近年来，我们还常见的一种现象是在城市特别是农村建设中，以新的建筑或新的环境形态将承载某个特定区域人们世代相传文化技艺的物质载体（如某些文化空间）彻底改变。这种不能正确把握和处理社会发展与非物质文化遗产保护关系的情况，已经并还在对非物质文化遗产的保护带来伤害。我们应该正视并改变这种现象。

毫无疑问，非物质文化遗产保护是一个动态的过程。正确的保护不是使它凝固和停止发展。2003年10月17日联合国教科文组织通过的《保护非物质文化遗产公约》指出："这种非物质文化遗产世代相传，在各社区和群体适应周围环境以及与自然和历史的互动中被不断地再创造，为这些社区和群体提供持续的认同感，从而增强对文化多样性和人类创造力的尊重。"非物质文化遗产的有效保护，从根本上说，就是要保证其按照自身内在规律去自然衍变，在自然的衍变中与人类社会的持续发展相并行，我们既不要人为地去中断它自然衍变的进程，也不要人为地去使它突变。我想，这应是保护工作最根本的意义，也是保护工作最艰难、最核心的用力点。

总序

  非物质文化遗产在自然衍变发展中呈现的形态是丰富多样的，这决定了我们采取的保护方式也应是多样的。但对于传统手工技艺类的项目，采取生产性保护的方式应当是一种恰当的方式。这种方式，可以使非物质文化遗产项目的传承人，这些技艺的持有者将自己本身的技艺作为一种生产和生活的手段，既可以因此而获得劳动的报酬，也可以因此而使技艺传承，并在自己的作品与使用者的对应中，使技艺的继承与创新具有激发创造智慧的基础。这套"中国民间艺术传承人口述史丛书"，记录了这些传承人技艺传承的历程，他们的技艺如何精湛，以及他们对技艺的思考；展现了他们如何以生产性保护的方式，使这些不同的技艺在传统的浸润中也融入了新的艺术元素，并得到人们的喜爱，而他们也因此具有了持续传承的经济基础。

  在人类社会现代化进程不断加快、科技快速发展和全球经济一体化的时代，越来越多的民族、地区和人口被纳入到世界变化的总体格局之中。保持人类文化的多样性，是与人类社会的可持续发展紧密相连的。而保护各个民族具有独特创造个性和蓬勃生命活力的民间艺术，是人类文化多样性形态不成为博物馆化和标本式存在表象，而永具生生不息生命力的重要保证。我想，读者会从"中国民间艺术传承人口述史丛书"中体会到这些。

2009 年 9 月 22 日

目 录

总 序 ………………………………… 001

口述人齐永衡简介 ………………………………… 001

齐永衡出生于皮影世家,8岁随父亲登台从艺。从艺60年来,其表演技艺不仅冠誉中国皮影界,而且也深深地影响了国际皮影舞台。

记述人访谈序 ………………………………… 003

民间文化自古就缺乏历史文献的记载,对皮影艺人和技艺传承的记载更是难得一见。那么让我们在齐永衡的带领下去了解他们的演艺生涯。

第一章 影戏世家与多师传授 ………………………………… 006

齐永衡打小就会递影人,演出中一听有"听将令",他就把令箭送过去;听到"看刀取你!"他就把刀递过去。那时候,他用他自己的影人骑马耍小枪,唰唰唰!要得快着呢。

第二章 影戏班社的生涯 ············ 020

影社的变迁，展示了艺术竞争与淘汰的过程。社会在变，观众在变，剧目在变，演员在变、表演技艺也在变，一切都随着时代发展变化着。

第三章 回忆旧影班的习俗 ············ 046

"影匠不付乘船钱"的习俗，在冀东、山西、陕西等地皮影戏流行的地区还存在着。在冀东有这样的传说：影匠和摆渡的船夫都是南海观世音的门徒，影匠宣卷劝善是"普度众生"，而船夫则是"普渡众生"。

第四章 皮影雕刻制作技艺 ············ 060

雕刻是皮影造型形式美的重要体现，刻镂影人的行业，自南宋"绘革社"以后，一直伴随着民间影戏班子而生存。皮影雕刻艺人当中有的是祖辈相传专操此业，有的则兼事印染花布、扎纸扎、画庙等多种营生。

第五章 传统演唱技艺的演变 ············ 078

早期的唱腔音乐旋律简单、尾音平板、节奏缓慢，后来逐渐吸收当地民歌、俚曲及其他曲种、剧种的牌子曲，才形成了调口优美、板式丰富的方音唱腔。

第六章 操纵技艺之路 …………………………… 098

令人叫绝的是，齐永衡表演白骨精梳头洗脸时，可以使影人由黑脸洗成红脸、由红脸洗成白脸、由丑脸洗成俊脸，然后梳头、卷发、戴花、穿衣、照镜子等，这一系列表演细腻生动、出神入化，即便是在后台也是难以看出其操纵诀窍的。

第七章 大地震后的演出 …………………………… 146

地震时齐永衡被砸折了腰、砸伤了腿，但他又在地震后的几十天，带着伤痛出现在广交会的演出舞台上。这是一段苦难的历程，但其中包含着他求生、抗争、乐观的精神。

第八章 走出国门的"箭秆王" …………………………… 158

蔡克斯看了齐永衡的操纵实验课，立刻紧紧握住他的手，表示惭愧，"我在你面前，是太小太小了，艺术太少太少了，简直什么也不是，我这是在鲁班门前卖斧来了。"

第九章 对影戏传承的思考 …………………………… 170

或许皮影的整体艺术形式会在今后的历史阶段中逐渐消亡，或许只有少量皮影演出是作为民间文化的传统状态保留，但是从皮影艺术深层的民俗观念、造型意识等方面来说，它也将被今后的现代化生活所吸收，将会变为新的艺术状态而存在。

第十章 亲人眼里的齐永衡 ……………………………… 182

　　我不但要跟他学习艺术的东西，还要学他做人的一种意志、一种人格，你怎么完成你的艺术工作？你是哪一种心态？哪一种思维方式？我不知道我师父当时是怎么想的，不管用什么思维方式，他都把这个工作完成了。当时他就是抬不起头来，还能这样做，这是最令人感动的！

齐永衡年谱 ……………………………………………… 212

后　记 …………………………………………………… 217

> 影戏箭秆王——齐永衡

口述人齐永衡简介

齐永衡（1933年2月5日出生），河北昌黎人，国际著名的皮影表演艺术大师，国家一级演员，年轻时就享有皮影戏"箭秆王"之称。

齐永衡出生于皮影世家，8岁随父齐秉勋登台从艺，15岁加入晋察冀第十二军分区军民影社，后任昌黎县影社社长、唐山市皮影剧团副团长、第八届全国人大代表，以及河北省政协委员、唐山市民革副主委、中国木偶皮影艺术学会名誉会长、中国戏曲家协会理事。自20世纪50年代之后一直在唐山市皮影剧团从艺，1995年离休。

从艺60年来，多次参加全国皮影戏会演与比赛，并多次荣获皮影表演的一等奖、导演奖、金猴奖，文化部颁发的"特别荣誉奖"、"最佳表演奖"。17次被评为省、市、全国的先进文化艺术工

影戏箭秆王　口述人齐永衡简介

1993年，齐永衡在全国人大会议上

2005年，齐永衡在唐山国际皮影艺术节研讨会上发言

作者和劳动模范。享受国务院特殊津贴，还被中国木偶皮影艺术学会授予"终身成就奖"。

他曾应联合国教科文组织邀请，赴法国夏尔维尔市为国际木偶学院和国际木偶联合会皮影训练班讲学。当地的《团报》《信使》杂志和电视台都报道了中国皮影专家到法国讲学的消息："中国皮影是一种需要熟练技巧和魔术般动作的艺术。中国人把皮影艺术提高到如此精湛的程度，为其他国家皮影艺人所不能比拟。""西方人不仅可以学到中国的皮影艺术，还可以了解到艺术在中国的价值。第一次有中国专家来到法国，这件事将载入夏尔维尔市的编年史中。"

齐永衡与唐山皮影剧团还到过十多个国家访问，多次为外国元首演出。在美国佛罗里达州迪斯尼乐园、法国第七届国际木偶节、摩纳哥第八届世界戏剧节都进行了精彩的演出，他们44天访问了3个国家、14个城市，受到各国电台、电视台以及报纸杂志的高度赞扬，齐永衡的表演被称为"闪电般、魔术般的技艺"。

齐永衡是我国皮影操纵表演艺术的佼佼者，其表演技艺不仅冠誉中国皮影界，而且也深深地影响了国际皮影舞台。齐永衡先生离休以后，依然为培养下一代新演员、研究皮影新剧目而努力工作着，并希望自己在有生之年，为我国皮影文化的发展与国际交流奉献自己的全部力量。

记述人访谈序

皮影戏是一门综合性民间艺术形态，也是中国老百姓最喜闻乐见的娱乐方式，它包括了众多的艺术技巧，从皮影制作到表演技艺，从皮影演唱到乐器演奏，都是我国比较典型的非物质文化遗产内容。

许多影戏艺人一生都与皮影结下了不解之缘，他们的技艺多是家族世代传承或者拜师求艺而得来的。皮影给他们带来了快乐和悲哀，也带来了荣誉和屈辱。民间文化自古就缺乏历史文献的记载，对皮影艺人和技艺传承的记载更是难得一见。那么让我们走进他们的艺术与家庭生活，了解他们的演艺生涯。这里，我们选择了皮影艺术界大师级艺术家——齐永衡，请他讲述与皮影戏结缘的60年从艺历程。

由于我与齐永衡是家乡故交，与其三弟齐永清是幼时的玩伴，一直称呼其父为"大伯"。同时我也是

▷ 1991年4月14日，齐永衡与魏力群在北京平谷农村影戏台前合影

影戏箭秆王 记述人访谈序

» 1986年，齐永衡在唐山接受倪萍采访

» 1998年，齐永衡在家里指导美国留学生布莱尔

» 2000年3月，齐永衡与魏力群在乐亭拍摄皮影时合影

自幼酷爱影戏，对传统影戏接触比较多，这其中有着一种摆脱不开的、深深的家乡情。后来因为做全国皮影戏的研究，所以也一直与齐永衡兄保持着密切的联系。在我的考察笔记中，保留着二十几份与齐永衡访谈的记录。时间跨度从1988年至2007年，记录有详有简，但都能够勾忆起我们每一次交谈的情景。在考察皮影的过程中，我经常吃住在齐永衡兄家，而且常常聊至深夜，有几次甚至聊到凌晨。

所聊内容包括齐兄拜师学艺的情况、皮影技艺上的探求、培养辅导各地学员、剧团搞儿童专场演出的情况、出国讲学的情况，以及对皮影戏今后发展的思考，等等。关于新中国成立前老艺人的演唱风格、影人的雕刻技艺等我也进行了询问。这样的聊天，齐兄自然是津津乐道，而我则是受益匪浅了。在历次谈话中，我记得有三次是请齐永衡谈著名皮影艺人的唱腔特色，我小的时候，曾经听到其父齐秉勋讲述过这些内容，但那时尚未完全听懂，现在依然很感兴趣。

本书的口述记录，基本都是最近一次的专访内容，这样比较系统，也容易梳理。对于多年来所采访或者聊天的精彩内容，有些在记述部分也穿插引述了。

≫ 齐永衡表演皮影

第一章

影戏世家与多师传授

QI YONGHENG BEHIND THE ILLUSION
An Oral History of the Chinese Leather-silhouette Show

本章综述

采 访 人：魏力群
口 述 人：齐永衡
采访时间：2006年8月23日
采访地点：唐山市路北区机场路南楼五号楼
　　　　　齐永衡家里
在场的其他人：齐永衡妻子

　　本章是访谈的开篇，主要内容是关于皮影戏世家的问题，包括齐永衡的祖籍和出生地在哪里？父辈以上有哪些人从事皮影？后人还有哪些人继承着皮影表演艺术？曾经拜过几个师父[1]？哪位是正式师父？师父是怎么教的？从师父那儿学了哪些传统？当时拜师有没有什么仪式？等等。同时，我们有着一个共识：由于这是记述历史的，要坚持对历史负责、实事求是、客观翔实的原则进行口述和记录。

　　齐永衡在本章叙述了父辈、平辈、晚辈三代六人的皮影戏世家的基本情况，以及他在上小学时，因为耍弄影人而带来的快乐和苦恼。正是由于父辈的影响和浓郁的家乡文化情结，特别是他在少年时代就受到诸多老艺人的传授，这为齐永衡从艺历程奠定了坚实的基础。

第一章 影戏世家与多师传授

魏：齐大哥，我们今天访谈和以前聊天不太一样了，你口述、我记录。虽然我们过去聊过许多东西，我也积攒了您的很多资料，但现在还是需要让您再口述一次，我们一问一答，来把您一生从事皮影的情况梳理一下。我们还是像平时聊天似的随便聊吧，想到哪儿，我们就说哪儿。

齐：好，反正咱们哥俩聊了不只一年两年了，从你小时候在咱们家乡，我们就非常熟悉了，这么多年，我的情况你是了解最多的。

魏：呵呵，那么我们就先从您的家世谈起吧。

齐：可以。

魏：我还不太清楚的是，您父亲的上一辈有搞皮影的吗？

齐：没有！谈到我的祖籍，那就得说是在姜各庄。很早以前，我祖辈在姜各庄，后来从姜各庄转到了昌黎茹河，再后来到我祖父那辈就搬到昌黎来了，我父亲就是在昌黎出生的。

魏：可是那个时候姜各庄[2]也归昌黎。

齐：对！归昌黎，昌黎九区。

魏：现在一说姜各庄，应该是划归乐亭县所辖了，实际从历史上说，那时候你们老家所在的姜各庄，当时却是属于昌黎，那么您的原籍就还得算昌黎。那您就从祖父这辈谈吧。

齐：我祖父的名字我不知道，家里属于一般的小康家庭，也不是那么忒富裕，但我祖父这个人挺讲派头的，上面有人伺候，下面有人打点，看起来文质彬彬的。因为我是做晚辈的，说老人名字不合适，那时候小，我也就没往心里去。我父亲原来有个妻子，结婚以后得病就死了，我母亲是续弦的，所以我对以前家里许多事都不知道。

据说过去在姜各庄姓齐的人家特别多，以后到茹河，那儿也有许多姓齐的人家。许多齐姓人家，一些人说是从姜各庄那边转过来的，一些人说是从昌黎茹河出来的。过去昌黎的齐家大户不是有一个齐状元吗，是个武状元叫齐大勇，就是从茹河那边转过来的。齐状元和我们属于同一个大家族的，都是这一股子吧。

魏：我记得在昌黎城北的杏树园那儿，还有一个齐家祠堂是吧？

齐：对！齐家祠堂。我们这辈人，还都曾经到那儿去过呢。

魏：那就是说齐家在昌黎县城里也是大户。

齐：那时候咱们昌黎有"五张二马齐宋两家"之说，说的就是最有名望的几个家族。五张——五个户都是老张家，二马——两户姓马的，齐宋两家指的是在五街宋家楼那边的老齐家和老宋家。老齐家曾经出了个武状元，这样延续下来有状元的后裔，慢慢分岔，越来越远啦。

我祖父他们那辈儿搬到了昌黎县十里铺乡耿庄，那里就是我的老家了。我知道在昌黎县凤凰山那里有秦庄、马庄、耿庄等，我们齐家在那儿也属于大户，到了我父亲这辈儿才搬到了昌黎县城落户的。

我是1933年2月5日生人，属鸡的，出生在昌黎城关二街，算是贫苦人家出身吧，只念过5年小学。我小的时候赶上了老齐家祠堂聚会，记得还在那儿吃过饭。而且我上耿庄老家的次数也不太多，家

▶ 齐永衡之父——齐秉勋
（1973年）

> 齐永衡在昌黎城关新甸的老宅

里头有我姑、我奶、我叔，还有我婶子他们，那时都在老家呢。

我姥家是昌黎县政府跟前那儿，在一个叫"后行"的胡同里，也是个挺好的小康人家。我母亲如果活着的话，现在起码也90多岁了吧。在过去那个年代里，妇女挺没地位的，但我母亲还上过学，我姥家供她上的，就算作是维新派吧，就在"汇文"[3]上学。我母亲还没有嫁给我父亲之前，我亲姨是我奶的续闺女，我姨夫也早死了，这么着我父亲就管我姨叫二姐，我母亲是老三。当我父亲那个前妻病死以后，我母亲经我亲姨介绍给我父亲，这样算是亲上加亲。我父亲结婚以后，我们家就安在昌黎城二街住，我就是在二街出生的嘛。

> 齐永衡在昌黎老宅的门牌——二街新甸50号

魏：我记得你们家一直是在二街的新甸那边。

齐：开始是在二街的西关正街上，后来才搬到新甸去了。新甸那儿的房子又宽敞又好，我二弟、我三弟都是在那儿出生的。

我父亲叫齐殿相，号秉勋[5]，人称"齐老秉"。我叔父叫齐殿梁，号璧臣，又称"齐老璧"，他们都是当地著名的皮影艺人。

因为我父亲那时候念了6年私塾来着，喜好书法，毛笔字写得好。我奶的娘家有我父亲的舅舅，他在东北安东，也就是现在的丹东，开有两家当铺，分别叫"和顺当"和"三河当"。舅爷爷把我父亲招那儿去了，就培养我父亲跑关东做买卖啥的。开始是给二两份子，还是几个份子吧，以后还当了这两个当铺的经理，据说当时在那就挺好，所以就是一年一年的干上了，那时候都往东北做买卖不是嘛。

后来，当我父亲回老家探亲时，赶上我们老家耿庄就有一个皮影箱子，村里还不少人会唱影。我父亲回来一看，心想这个忒好呀，正赶上他还有唱"大儿"[4]的嗓子，我父亲以前就唱过黑头，嗓子挺冲，声音也挺好，他就说啥也不回去了，从这开始就唱影了，还唱得不错。

魏：这是哪年的事？

齐：不知道，我父亲那时二十几岁。

魏：您能记起他的出生年月吗？

齐：属牛的。我父亲说他30多岁有的我。

魏：那他是跟谁学的？

齐：我不知道他的老师是谁，都在一个庄里头，我父亲的记忆力非常强，古书里边的那些东西，哪篇哪篇他全记得，可能在一块儿有朋友或老艺人的指导，就这样慢慢越来越深入。

我父亲在外边唱影挺好，到了秋天天冷了，我奶让我叔父给我父亲送衣裳去，他到那儿一看这个生活，挺好挺美呀，我叔也不回去了，也加入进去唱影了。我叔是"唱髯儿"的嗓子，他唱老生非常好听，观众说："齐老璧那嗓子跟风琴一个味儿啊！"一个演员没好嗓子怎么会出名啊。

我父亲和我叔父开始从事皮影以来，为了维持全家6口人的生活，到处演唱皮影。我父亲曾为抚宁县桃园岳新华的影箱和昌黎县马大少的"乾利堂"影班领过影，到各地演唱皮影，颇受群众欢迎。而我叔父则跑到东北去唱了，以后他在东北的名气比较大。我父亲在东北和咱们家乡这一段名气都比较大。我父亲开始是唱黑头，以后嗓子没有了，就改唱三花脸了，你小时候看他演影的那会儿，就已经改为唱三花脸了。——这是我父亲和我叔父这一代的情况。

由于受父亲、叔父的影响，我自幼就酷爱皮影艺术，经常到台上观看，并时常伸手摆弄。但我的母亲讨厌这个，为啥不喜欢这个呢？因为我父亲在外面唱影，成天东跑西颠的，家里头什么事也管不了，几个孩子也顾不上，所以说啥也不让我弄这个。但是我的瘾忒大啊，那时咱们昌黎集上也好，庙会也好，有卖小纸影人的，我就买了不少，给我钱就买纸影人，然后我就带着同学们一块耍，结果我妈特生气。

那时候我妹刚懂事，也挺顽皮的，我妈说："把那些影人给他烧了，给他扔了去！"等我放学回来以后，我妹妹在门口吐舌头正冲我乐呢，我问她咋回事，她就往里面边跑边往茅房那儿比划。我进去一看"哎呀！"把我的影人都塞到茅坑里了，我心疼的饭也不吃，就在那儿哭呀，那个心疼啊，这是我心爱的东西呀。以前都是早晨上学买早点的钱，自己不舍得花，攒起来就买影人了，还有点皮影人是赵善元等老艺人们给我的，也都给我糟践了，心里头更难受了。当妈的看着我哭得难受，没法了就给我俩钱，让我再去买点。

这回家里不管了就好办了，我又买了不少小影人，叫同学们到我家里，在墙上也耍，点上根蜡在窗户上也耍呀，跟真的似的，唱着、念着。我到四年级的时候，书里头夹着影人，书包里也搁着影人，一次上自习堂老师没有来，也没作业了，我们几个男生就拿着影人玩。男生和女生都有矛盾，女生看着我们玩儿，就偷偷跟老师报告了。老师来后让我们几个都站起来了，全班的男生都挨板子打了，打的手板儿很疼，到家以后手都肿了。我就是那么爱好皮影戏！就是那样，也没有打消我唱影的念头。

魏：您是多大岁数正式开始学习皮影表演的？

齐：从小时候就练，也到影窗户上耍，但不算正式的登台，那时我们在昌黎城里住，每个季节演完了以后封箱的时候，演员们都会到我们家，集合方便嘛。像齐怀、周文友这些老艺人都曾去过。那时我岁数小，他们都是我的叔叔大爷，都愿意教我，过去讲究"教会徒弟，饿死师父"，但他们对我不保守。还在我刚记事的时候，就看齐怀用纸壳子折个帽遮，在那打鼓。还有像张绳武、高荣杰、李紫兰，他们那时候到我们家里去，哪个艺人在技艺方面也不避讳我。

我13岁正式随父亲学习操纵皮影时，我父亲也没别的助手，那时候我就上台做他的助手，到15岁的时候就能独立操纵，而且小有名气了。

魏：您要是13岁登台，就是1946年，日本投降的第二年。

齐：那时就跟着我父亲的"影箱子"，随他们到处演出去了。到东北的锦州演出，那也是我跟我父亲演出去的头一个地方。原先我喜欢拿影，这回我就跟着拿影去了，反正那时候也缺人，自己底下拿影感觉还挺熟练的，正式一上场就乱了，我父亲也好，同行的叔叔、大爷也好，包括下边看影的都知道有一个小

▷ 1941年，著名皮影演员齐成瑞、陈奎章、孙品卿在胜利公司灌皮影戏唱盘

孩在拿影，尽管我拿得比较乱，他们也没责怪，台下边都还给鼓掌呢。我那时候个子矮，够不着影窗户，有这么高（用手势比划）一个影箱子，把影人拿出来以后，我踩在影箱子上去耍。头一次演完以后，大家还给了我很大鼓励。

在辽宁演出一段时间以后，还准备上长春来着，结果随后东北就打起来了，解放长春嘛！就不通火车了，于是我们就回到山海关、秦皇岛、昌黎等地演出。这是在那个时代背景下，我们家庭班的活动地点，其中在秦皇岛待的时间比较长。

当时在东北唱影的关里艺人中，有个叫齐成瑞的，你可能后来也见着过他吧？

魏：我只见过一张齐成瑞和陈奎章当年在长春的合影照片。

齐：对对！齐成瑞、陈奎章和孙品卿他们的合影。孙品卿唱"小儿"（小旦）的、陈奎章唱"髯儿"（老生）的、齐成瑞唱"大儿"（净行）的，他们仨唱影吃红了长春，但是多年以后，陈奎章他们都回来了，他们从东北逃难回来的，据说长春的皮影演员都走了，齐成瑞也没啥生活来源了，也就到关里来找皮影了。

陈奎章逃难回来的时候，我们正在山海关演出呢。陈奎章当时带着怀孕媳妇路过山海关，在我们那儿待了半年多，意思就是缓缓气儿。正好八月十五前，因为山海关炮火不断，我们的演出情况也越来越差了，陈奎章就带着他媳妇到唐山来了，那时候老艺人不都奔唐山来嘛。等齐成瑞从长春回来的时候，我们还在秦皇岛演出呢，当时都还没解放呢，我就是在这个家庭班里边一直到解放。

魏：我还想知道，除了家庭对您的影响，您拜过其他师父没有？

齐：像我这一生从事皮影，主要靠家庭熏陶才爱上了皮影。你问谁是我的启蒙老师呀？开始的时候我父亲教我，我叔父也教过我，因为家里有这个条件，我们家那个影班比其他的影班水平都高，这样我就不用到别的影班去学了。特别是我父亲记忆力非常好啊，许多剧本的名段子，他一边拍着、一边学每个老艺

影戏箭杆王

第一章 影戏世家与多师传授

人的唱法，他给你念叨起来，让你听得都入迷呀，非常爱听啊。我从小就受家庭影班中父亲的约束、长辈们的指点。因为那些长辈跟我父亲都是同行，甚至都是多年的老朋友，我那时比较小又酷爱皮影，他们都感觉我是这块料，都挺喜欢我，所以就对我进行无私的指导。我一看谁拿影好看，我就说："你教教我这个。"这些人跟我父亲的关系都不错，只要一说我爱学皮影的话，谁都把着手地教我。

后来，我正式拜的师是赵善元，他是我爸爸影箱的老伙计，是拿上影的，家是长城口外的。赵善元那才叫"箭杆王"呢，拿出影人来那个好看。他那时的年岁也就像你现在这个年岁。我当时十几岁，自己总耍呀，比如影人上马的时候，我的手挺伶俐呀，看着也挺是那么回事的。所以我父亲对赵善元说："你看你侄子咋样啊？"赵善元说："嗯，是个材料，那样吧，我收他为徒弟吧。"我父亲说："那敢情好。"那时候赵善元是皮影里最好的演员了，他比我爸岁数还大呢。他们在一起搭了8年，过去那个时候，搭8年伙计挺不容易了，关系非常好。

魏：这是您13岁上台以后的事吧？

齐：是上台以前，先拜的师，后登的台。在我上锦州之前，那时没解放呢，我父亲的影班，我总看啊，他拿的（操纵表演）《包福打店》最好。

魏：我记得有坐船打鱼的情节，还把老太太用来网发髻的网罩当渔网使，小鱼儿在网里乱蹦。

齐：对对对！

魏：你们拜师有仪式没有？

齐：没别的仪式，师父用手胡噜胡噜我脑袋，说句"中咧"，就算收我做徒弟了。

魏：这是啥讲究？

齐：不知啥讲究，这就认师了。那时候也没思想准备，没有备些啥东西，认老师就这么简单，这回教我就比较诚心了。

魏：一般什么时候教您？

齐：是在他们演出的时候，在舞台上他在那儿拿影，我在他边上待着，这是影箱子，他缺啥了，我就把影人递给他，那时候我就会递影人，演出中一听有"听将令"，我就把令箭送过去。听到"看刀取你！"我就把刀递过去。不演出的时候也教我，晚上都在我家住着，有时候把我叫过去，告诉我这怎么弄、那怎么弄的。那时候，我用我自己的影人骑马耍小枪，唰唰唰！耍得快着呢。他看我是这个苗子，就更愿意教我了。

魏：他教了您大概多长时间？

齐：我父亲他们在一起8年，很早以前就认识，而且这个人非常好，人家一般不叫他赵善元，而是叫他赵老善。还有其他一些老艺人，如赵紫阳、田庆广、崔凤翯等人，可以说都是当时比较顶级的演员。这些人我除了叫叔的就是叫大伯的，他们都给我父亲当伙计，他们虽然不是正式老师，但哪儿不行的话就会告诉我。

迁安县赵紫阳也是拿影的高手，他与赵善元同姓但彼此没什么关系。表演影人变化特点就是"眼活珠"，他在表演的时候后面都隔上布挡着，不让别人看，但他不瞒我。他耍那个妖怪影人"梳头洗脸"的表演，使的三变脸，变绿的、黑的、白的，他都教给我。以后我发展成为四变脸，变一个黑的、绿的、红脸、白的。

田庆广拿影人的步下武打最好！田庆广他会武术，武术套子他都知道，再加上演"清影"（清代剧情的影戏）大多是散打，感觉那时候他的操纵挺了不起。田庆广有一次看着我耍小刀，到耍得式好的时候，下面观众不停地叫好，他说，"永衡，拜我为师吧"，他教我耍刀、耍枪，就是这么来的，他是玉田县人，他耍单刀片耍得非常好，他的招式我学了不少。

崔凤翯的年龄要大些，他拿影人比较好，袍带戏最拿手，拿的影人架势大而沉稳，我在他的技术基础上又发展了，加上了戏剧舞台的台步，"匡才衣才、匡才衣才"的这样走。

除了崔凤翯的袍带戏、田庆广的步下武打，还有一个叫白凤起的，是咱们昌黎白家店子的（现在叫白庄），他拿花旦最好。当时高荣杰唱的花

▶ 齐永衡的三弟齐永清在2005年唐山国际皮影艺术节

旦，他拿的就相当好看，我就把白凤起这个学来了。以后演花旦、演刀马、演袍带，就借助前辈老艺人的东西。

魏：那您的艺术成就也是在多家传承的基础上发展起来了。

齐：博采众长。

魏：您不是一门一派这样下来的，而是经过这么多老师，包括正规老师、非正规老师，这太重要了。我为啥要追您这个根呢？因为大家都知道您的艺术高，但究竟高在哪里？我想要剖析一下。那再说说您家里其他人从事皮影的事吧。

▶ 齐永衡的侄子齐东兴 2008 年在上海木偶剧团展厅

齐：在我以下，就是我弟兄及孩子的情况了。我有两个兄弟和一个妹妹，妹妹没有学这个。我二弟齐永江的眼睛不好，但他喜好拉弦，而且拉得也挺不错。承德那边鹰手营子曾经有个影社，也算一个比较老的影社吧，这个老影社过去叫皮影工作队来着，我就把他介绍到那去了，那么我二兄弟也就算正式参加了皮影团。他在承德那待了一段时间以后，回来就到秦皇岛皮影团了。以后秦皇岛皮影团撤销了，他调到了秦皇岛电影院，后来在电影院退休的。

也是由于家庭弄皮影的多了，我三兄弟齐永清看着我搞这个，也就挺喜欢皮影，也想要学学。我先把他介绍到唐山戏校，让他学武戏，以后成立了唐剧班，他去了也是打武戏。到"文化大革命"的时候，戏校撤销后，他回来了。没办法，干啥呀？我就把他介绍到卢龙县皮影社，正是高正桥在那当团长的时候，反正都是老人儿，关系都好，就对高正桥说："我把三兄弟介绍过去，你培养培养。"一直到那里，他正式学了操纵，但他们在"文化大革命"那时候也是不景气，剧团后来就垮了。后来秦皇岛要成立个皮影团，秦皇岛文化局有个叫王东湖的找我说："大哥，我们成立个皮影团，人员你给我们物色物色。"我把他需要的这些人都物色去了，有齐永清、张向东、王宝环、梁兆元，还有拉弦的黄亿金，他们这些人就都去了秦皇岛，我的三兄弟就这样开始参加了皮影社。后来秦皇岛皮影团撤销，而在唐山地区又成立了影社，我三兄弟到了当时新成立的唐山专区影社，后来再合并到了唐山市皮影团，就和我到了一个团，最后也是在这里退休的。

曾经有人问我:"齐老师,你的孩子们为啥没有爱好皮影的呀?"那时候我是这么琢磨的:我大儿子、二儿子在刚成年的时候,赶上了"文化大革命",因为当时我是个名演员,属"封、资、修"的演员,为刘少奇复辟资本主义鸣锣开道的演员,所以让我们靠边站。我心里非常不服,觉得咱一直是共产党的培养对象,我怎么就成了"封、资、修"了?我复辟啥资本主义了呢?我就说:"孩子们谁也别干这个了,你们参军吧。"这样俩人都到部队了,大儿子在河北省军区某部队,二儿子在新疆军区野战军,在部队入的党、提的干,后来回到地方都非常好,也搞了对象结了婚,这样就挺好嘛!

有人说了:"你们这个皮影世家连个接班的都没有?"我说:"叫我闺女接班的话,我闺女岁数也大了,也没有别人了。"正赶上我三兄弟的儿子齐东兴——我侄儿,那个年代考工也不好考,毕业之后我就跟领导说,我说我们齐家是个皮影世家,应该有个接班的,我现在要求领导照顾照顾,我的孩子没法继承了,我现在还有个侄子,继承我们齐氏皮影,他说"中啊"。省里给了15个指标,这样他也到了皮影界了。他现在挺不错,经常到国内外演出,挺好的。

我们家是皮影世家,从我的父亲、叔父,到我和我二弟、三弟,再到我侄子,这是我们老齐家在皮影艺术中的延续。

本章小结

关于皮影戏的记忆，印象最深的是幼时自己抱着小板凳，每天由奶奶带着到县城里有个叫宋家楼的地方，去看齐永衡的父亲齐秉勋演出的"驴皮影儿"。

记得昌黎县城是皮影戏非常活跃的地方，因为新中国成立初唐山专署的所在地就在昌黎，所以过去许多在战争年代活动于部队的影社都曾经集中在那里。昌黎的男女老少对皮影这一传统民间艺术是情有独钟、如痴如醉的，只要哪个地方演影戏，人们步行几十里路也会去看。串乡卖货的小贩吆喝生意时，也常常会穿插几句影戏唱词，农田地头干活"歇烟儿"时，常会听到有人哼唱上一段影调；坐在炕头哄孩子的老太太，也会随手剪些纸人贴在窗子上模仿影戏的故事，逢家庭邻里不和，劝解人也常举出影戏中的典故来明理，似乎民间大众的伦理观念主要是来自影戏。就是这样一种文化氛围，才促进了当地皮影戏的普及与发展。

齐秉勋是我家乡当时演唱皮影戏最有名的艺人，人们依着旧俗都尊称他"齐老秉"。我至今没有忘记幼时学着其他孩子念过的儿歌："齐老秉的影，不用请，台子搭得高，家伙敲得猛，把孩子吵醒了，你还得给人家哄。"齐家三儿子齐永清是我自小的玩伴，他还曾经送给我一些旧影人，我们还曾在一起耍弄过，似乎因为如此，我才与家乡的皮影戏结下了难解之缘。

齐永衡皮影艺术生涯的重要基础，一是来自幼年时家庭的熏陶，二是来自那些主动向他传艺的老艺人，他们基本都属于当时顶尖级的老影匠，除了他正式拜师的"老箭秆王"赵善元之外，崔凤耆、田庆广都是著名的操纵艺人。特别是满族艺人赵紫阳（满名锡宁阿，迁安县建昌营冷口村人）的皮影操纵更属于绝技，他创造的影人武打技巧如单刀、双刀、长枪、双剑等，不仅耍出各种套数、花样，还创造出"抢马"、"摸鱼"、"扑蝶"、影人"梳头洗脸"、影人舞蹈的"八美图"（八个影人在舞蹈时动作一致）等。当时艺人为了生计，这些技艺都十分保密，即使是同在后台演出的演员，也都忌讳告知秘诀，难得他对齐永衡不保守，这都为以后齐永衡操作技艺的腾飞提供了有利的条件。

从齐永衡和他家人的从艺情况来看，正表明传统民间技艺的传承，与家庭影响、名师教授有着很重要的关系，同时，广大的演出市场和良好的艺术生态环境也是非常重要的因素。齐永衡就是在那个皮影戏非常兴盛的年代，有父辈的影响、有多位师父传授的特殊经历，再加上他天资聪颖和后天的刻苦钻研，才最终成为了我国皮影戏一代大师。

> 唐山皮影戏:《乾坤带》

注释

[1] 旧影戏班子的习俗,称影匠艺人为"师父"而非"师傅",是由于传说影戏演出的作用同于和尚师父念经,故称为"师父"。
[2] 此"姜各庄"位于滦河入海口附近的南岸,原属昌黎,新中国成立后划归乐亭县所辖。
[3] 旧社会时,在昌黎城关由教会办的中学。
[4] 冀东皮影的行当之一,相当"净行"。
[5] 齐秉勋1901年出生,1982年10月1日去世。

第二章

影戏班社的生涯

QI YONGHENG BEHIND THE ILLUSION
An Oral History of the Chinese Leather-silhouette Show

本章综述

采 访 人：魏力群
口 述 人：齐永衡
采访时间：2006年8月23日
采访地点：唐山市路北区机场路南楼五号楼
　　　　　齐永衡家里
在场的其他人：齐永衡妻子

本章主要讲述了齐永衡十几岁的时候，作为一个刚刚从事皮影演出的小艺人，在新中国成立前夕亲眼目睹了伪警察的敲诈勒索，同时也受到地下党干部的影响，出于对解放军的向往，积极参加革命队伍中的影社，以及后来成长为昌黎县影社社长的经历。

他最早是在自己家庭的影戏班子从艺，15岁参加到冀东第十二军分区的军民影社。新中国成立初期，冀东第十二军分区的军民影社被改编为临榆县影社，随后整体改换为昌黎县影社。到1957年他又正式调到唐山专区实验皮影社，即现在唐山市皮影剧团的前身。在本章主要谈到的是他参加影戏班社的亲身经历，从民间影社、部队影社、县影社、专区影社，一直到市皮影剧团的转变过程，以及他们在各地流动演出的情况。

本章中多次提到的八路军影社，是老百姓的习惯称呼，因为这时已经是解放战争时期，但人们仍然把当时的野战军、地方部队、党的干部都称为"八路军"，直到现在齐永衡回忆这段历史，也还是保留着这些旧时的称呼。

影戏箭秆王 第二章 影戏班社的生涯

魏：在新中国成立前您就参加了革命队伍的影社，当时您的年龄还小，那是什么样的原因？

齐：有那么几个原因：第一是新中国成立前期那个时候，我们正在山海关演出呢，伪军抓劳工修补长城，让我们唱皮影的中间也必须派一个劳工去，派谁去呢？当时我是拿影的，刚从东北逃回来的陈奎章虽然是唱髯的，但也可以拿影，所以我老父亲说："这样吧，让永衡去吧，咱们一天两场，中午这场观众也不是太多。"我那时岁数小，人小力薄，干活时我抬着一个大筐，晃了晃"吧唧"就摔倒了，随即过来一

≫ 抗战时期的影戏人物造型（魏力群收藏）

个戴大沿帽子的，我以为他是捼我去了呢，没想到拿着棍子"梆梆"的打我。

魏：那时您多大岁数？

齐：十四五岁吧，后来山海关解放了，随着秦皇岛也解放了，然后我们就回家了。所以那时我就对国民党很不满。

再一件事情，是秦皇岛刚解放那会儿，我们担着担子回家乡，大家说："解放了，这回咱们到八路军

影社唱影去。"正好走在"都寨"[1]那里原来有一个赵子恒的伪警队，解放了这些人都隐蔽起来了。当他们看我们大包小箩的留住在那里，晚上就去了四五个背着枪的人，说："我是八路军，查店。"那时候我父亲唯一的一件毛衣，还有一块怀表，都被抢去了。我们一起还有个叫李瑞林的，他的金镏子（戒指）、钳子（耳环）也都给弄去了。我们还跟他们说呢："我们是唱影的，回去以后，就去唱八路军的影。"结果过一段时间才知道，那些人是赵子恒遗留下来的当地土匪。一听说这个，我们的心里对"八路军"就更加深了感情。

回到昌黎以后，我们就在昌黎演出，也就是在城墙下那个老戏园子。

魏：您说的老戏园子在解放初是老电影院吧？

齐：是老电影院啊。

魏：也就是后来的皮影院。

齐：对！我们到那演出的时候，还是老电影院的原样呢，演出的时候，演员都上家里住去，我就在那看园子，就是看着剧场。

咱们昌黎经历过两次解放过程，在1947年5月第一次解放以后，我们回到了昌黎，但后来又被国民党顽军占领了，就是说当时昌黎还没彻底解放呢。有一次唱影没开演之前，进去十来个伪警察，他们进来后就乱敲打锣、鼓，我说："老总，我们唱影的有这个论儿——鼓键不准乱动、压书戳子的铁不能乱动、窗户棱子不能乱动。"他说："怎么的？""一动的话，艺人要打架、要出口舌。""去你妈的吧！"他们就又拿起锣来，"咣激咣激"敲弄起来了，那些东西在剧场里都有现成的嘛。那时我也小，十五六岁，我跟他们打起来，他们一把就把我推了个跟头。当时我那个心里头的确非常气愤、非常不服。没过一段时间，昌黎就解放了。

因此，我这个人的思想，还是比较进步的。其他那些老艺人，像李云亭你知道吧？还有方春荣，那是我父亲的干儿子，李云亭和方春荣是磕头弟兄，原来也总是一起跟着我父亲的箱子唱影，后来才分开，实际上他们参加了八路军的影社了，也就算参加八路军了。他们每次到昌黎来，给部队买药也好或者有什么任务，就是住到我家，买完东西以后就回去。那时候我小，听说他们唱八路军的影呢，没人欺负也不受气，我心里这些个印象很深。

曾经有个姓苏的同志来到我家，他的腿长了个疙瘩，经过一个朋友给介绍来城里治腿。朋友们都知道我父亲这一辈子老实厚道，很讲江湖义气，思想不说进步吧，也不依靠什么势力，他就到我家住了一个月。他刚来的时候说自己是个裁缝，腿长了疙瘩就到这里治病来了，实际上他是连治病带收集情报。当时就我们仨住在一屋，我妈带我兄弟在别的屋住。一天晚上天清气朗，我都睡了一觉了，听见他俩唠嗑，我也就起来了，他就讲马列主义这套理论，讲共产党分田地呀、打土豪呀，人民怎么解放啊，讲些革命道理。

由于在一起比较熟悉了，有一天我妈对他说："你这个搞裁缝的，给这个侄儿做身衣服吧。"他答应说："中，等过了这几天吧，这几天挺忙的。"实际上他一点不会，最后要走的时候，他跟我父亲说："我不是裁缝，这个我一点儿不会。我看你人非常不错、老实，我跟你说了吧，我是八路军，我是某县的一个县长。我治腿上的疙瘩是一个方面，到这了解情报也是一方面。"他叫苏啥？他跟我父亲说了，但当时我小，也没往心里去。后来他说："我要回去了，你啥时候有事就去找我。"意思就是参加革命呗。但是我父亲在当时要养活一家子人，他也没办法，只能唱影，正是因为这件事情，对我以后参加"军民影社"产生了重要的影响。

在1947年的时候，我们听说在昌黎北边的施各庄有唱影的，那时候有个孟锡三，你听说过吧？我们爷俩就看影去了。开始还不知道是谁的皮影，我们就去看了，到那儿一看，哎呀，提起来这些人都非常熟，他们也都知道我们，他们是第十二军分区军民影社，有些老艺人，也有些新人。虽然有的老艺人水平不是太高，但那些艺人思想也解放了，艺人的地位不像过去那个"臭唱影的了"，是八路军的文艺工作者了，那个时候在我的脑子里是喜欢八路军的影社。所以在1947年10月，我就参加了他们的"军民影社"。

魏：当时你们看完军民影社唱影之后，是他们邀请您参加的？还是您主动参加的？

齐：他们和孟锡三都认识，孟锡三过去也是挺好的演员，虽然我那时候年轻，他们也没有见到过我，但一提起我父亲来也都知道，只是那么提了提，我就参加了影社。也就是说，1947年，我15虚岁的时候，参加了冀东第十二军分区军民影社第三分社，专门操纵皮影人，兼唱"花生"（丑角）。这是我这一段的经历。

因为昌黎在1947年5月曾经解放了一次，后来昌黎的国民党顽军又回来一趟，又打了一回，到1948年正式解放了，我就算是新中国成立前参加的工作，要不我为啥算离休呢。

当时的军民影社有三个分社，有的在抚宁、卢龙一带活动，我们第三分社，主要活动在临榆县一带。临榆县人民政府所在的临榆县，就是现在的海阳，距离秦皇岛不远。我们在那一带活动时间也挺长的，演员还都有枪，算是部队的编制。

秦皇岛解放初期，我们到都寨演出，那时八路军所管的什么事，我们还都管，一般的民事纠纷我们也管，哪儿有打架的啊、婆婆媳妇闹纠纷啊，这些事情都管，像个人民政府似的。我们一边演出，一边在下边搞宣传。作为民间的艺人们参加了部队的影社，就算是有组织、有系统了。

1949年全国解放时，我们仍然还在临榆县一带活动。为什么老是在临榆县一带活动呢？因为那时冀东十二军分区有一个政治部主任叫汪文秀，他后来到临榆县当政委，那时候还不叫县委书记，因为他对皮影非常喜爱，借着我们有点老关系，他就把我们接收了，接收后就到秦皇岛了。把老一代的人、新一代的人

≫ 花衫小旦（民国）

▷ 解放战争时期,冀东皮影戏中杨白劳和白毛女的皮影造型(魏力群收藏)

重新组织一下,就成了临榆群众影社。虽然重新组编了,别的没改,还是挣小米,我们演员还是都发个枪。我们在临榆县一带活动,都是各区的区长跑着来联络演出。

魏:当时你们皮影都演啥呀?

齐:新中国成立初期的时候,主要演《白毛女》、《血泪仇》、《大晴天》、《平狗坟》啥的,赶到后来演《打锦州》、《解放锦州》,以后配合宣传婚姻法、土地法大纲演的是《小二黑结婚》、《刘巧儿》这些节目。

到20世纪50年代初,皮影戏入城了,观众的欣赏水平都不一样了,虽然还可以演一些老戏,但要老戏新唱,像《水泊梁山》呀,要演一些比较有现实意义的戏。那时候,有位皮影老艺人郭望武编了一部《燕飞女侠》,当时却被视为毒草而不能演出。因为它的模式是按《三侠剑》写的,当时认为《三侠剑》是歌颂保清朝走狗的一部戏,所以就认为这个戏也不能演,要求演的都是一些现实意义比较强的剧目。

魏:那时候怎么成立的唐山专区实验影社啊?

齐:在1950年的时候,唐山专署设在昌黎,原来各军分区的影社也都进城了,同时影社进行了改制,因为刚解放,文化艺术随着也得改革。李云亭他们那儿不是滦东大众影社吗,还长城影社,原来都是挣小米,这一改制,影社就不归部队了,也不代耕[2]了。那些影社就归了唐山专署管了,这就变为地方的专署影社啦，都变成了一种有点市场经济的意思了，就是自负盈亏性质的，国家不养活着了。

李云亭他们那些演员多是长城口外的人，演员水平并不高，以前总是在北部山区活动，现在进入城市了，要指望以艺为生，总那么个水平就没有饭碗了，所以就需要一些好演员了。

我所在的影社当时虽然改为临榆县群众影社了，但我们演员们当时的待遇水平都很高的。正当我们在临榆的时候，在昌黎县还有几个县管的影社，其中有一个叫周家正的，他有一个影社，但演出水平不高，在昌黎显不着他，这时候就把我们跟他们互相调换了，把他们调到临榆县，把我们从临榆县换到昌黎了。也因为我们都是昌黎人，我们还是那个社，还是那些人，只是领导机构变化了，原来叫临榆县群众影社，到昌黎以后改叫昌黎县群众影社。我们的演出，比李云亭他们水平就高多呢了，唱"大儿"的、唱"小儿"的都挺硬的。

> 解放战争时期，冀东皮影戏各类头茬造型（魏力群收藏）

已故皮影界的"梅兰芳"——高荣杰

已故皮影老艺人历景阳

皮影老艺人王树龄（1998年在秦皇岛家里）

著名皮影演员武义山（2004年在秦皇岛卢龙县家里）

魏：那时候你们的影社都有谁？

齐：我记得那时候就有李春荣了，卢秉信是以后培养起来的，从东北来的王玉山、邹进礼都是以后才加入到我们影社的。

魏：孟锡三在这里了吗？

齐：他最早在我们这着，后来到李云亭那里去了，因为李云亭属于专署的影社嘛。当时我们虽然是县社吧，但毕竟还是"齐老秉的影"啊，我和我父亲在下边演出和群众的关系都很熟，再加上我们这个影弄得挺不错，到哪儿演影也都比较好演。

1952年到昌黎以后，我当了昌黎县影社社长，那时才20虚岁，工作弄得相当不错。我们的昌黎影社也在不断地充实，像杨景会也好、李成久也好都是当时的主要演员，李成久那时候嗓子非常好听，杨景会也唱得非常好，我们在一块儿整得挺欢腾，那时候他们专区影社那边就有点惧我们这边。

李云亭当时也算是企业家式的人物，他会用人，他知道社会的形势和唱影行情。原来他领导的大众影社的那些人，像杨廷胜、王春荣，都是县里边唱小影的那种水平，当时都归部队了，以后一合并，就改制了，一改制，就要卖票了，一卖票，仅仅唱现代影还凑合着，但演传统的他们还没整过，这回他卖不出去票，没人看。

到了1952年，专区影社把高荣杰影社的那些人从东北都弄过来了，以后他们又分成俩社。李云亭把原来的水平稍差一点的那些人推到了一社，一社主要是原来长城影社苏旭的那些人为主，像张子祥、拉弦的杨廷胜，后来还把白世武、武义山等人都弄到一社去了。此外，李云亭把高荣杰、陈奎章、历景阳、王树龄、王玉卿他们归到二社，哦，苗广珍是从苏旭那边过来到二社的。

原来马玉喜跟我们一块在昌黎影社来着，后来马玉喜被他们挖到专区影社去了，我们以后培养了卢秉信和吴瑞林，吴瑞林嗓子挺好，后来吴瑞林也被专区影社挖过去了，与马玉喜都被弄到专区一社去了，让马玉喜唱"生儿"，让吴瑞林唱"旦儿"，这样一来，一社的力量不就又强一些了嘛。

后来专区二社没有唱"生儿"的了，他们就把武义山从一社调到二社去了。武义山的嗓子好听，但唱影的道行浅点，都是在唱影之前由高荣杰先给他设计好唱腔。这时候他们的演员不就全乎点儿了吗，但是人家始终一直保持着唐山专署影社、抗战影社的牌子呢。

到1955年，昌黎县影社弄得也比较活跃，虽然说是改制了，随着市场经济走，但我们搞的效果非常好，我们还是和八路军影社时期那样，走到哪儿都给老百姓挑水呀、扫院子呀、和机关联系啊。我们那时经常给工人、解放军搞一些慰问演

▶ 建国初期，齐永衡的影班在昌黎城关宋家楼二娃子大院演出的旧址

出，慰问部队、慰问东北石油四厂等。因为慰问演出，群众看影的效果不一样，因为反响很好，给我们送锦旗的也多，所以当时被评为先进皮影社。

当时，唐山专区评选河北省先进文艺工作者，那时候高荣杰作为地区先进文艺工作者，我是作为昌黎县的先进文艺工作者，一块到了省里参加先进工作者大会。

魏：当时河北省会还在保定吧？

齐：是保定。我回来以后，那可就是如虎添翼了，有领导的支持，还有群众的拥护，我就更有发挥的了，我们的演出和高荣杰他们就不分上下了。高荣杰当时演出《婉香与紫燕》，那是李继武写的本。可是观众就爱看个热闹戏，因为那时候演出什么节目已经放开了，我们就演《封神榜》，那个戏多热闹啊，当时夏天间儿，我们在城关二娃子大院演出，一晚能卖个一二百块钱，那可不少啊。

魏：二娃子大院在哪块儿啊？

齐：二娃子大院在西顺城街南边的宋家楼，那个大院能盛一千多人，人满得挤不动啊。这一挤不动，群众影响可就大了，观众就四处宣传啊。

魏：我想起来了，我第一次看影的印象比较深。我那时小啊，拿着小板凳，跟着我奶奶，在宋家楼看您父亲的、当时都叫"齐老秉"的影。演的是《封神榜》，而且宋家楼那个台子朝南搭着。

齐：对对对！朝南！以后《封神榜》演的差不离了，天也就热了，那时候顾炳珠（唢呐艺人）跟我父

≫ 冀东皮影戏中的扭秧歌表演1

▷ 冀东皮影戏中的扭秧歌表演2

影戏箭秆王　第二章 影戏班社的生涯

≫ 冀东皮影戏中的《跑旱船》1

亲好,就把顾炳珠父子请来,在我们台上吹喇叭来了。每天晚上我们演出一个跑秧歌的影戏,顾炳珠爷俩儿一吹秧歌调,招来的群众那个多啊!就跟现在搞什么活动似的。

魏:这个我也都有印象。

　　齐:是啊,那时候我们在二娃子大院[3]唱《封神榜》,高荣杰他们在"姜李庄"那块儿演出,但他们的演出最后叫我们顶的够呛。那时候和他们打对台,我们为什么演《封神榜》呢?因为我们这个团没有高荣杰那个好唱家,我们要是唱《二度梅》,绝对没人看我们,都看高荣杰去了。而我们演《封神榜》,一宿晚上一个跑秧歌,顾炳珠和他儿子在我们那儿给吹喇叭,就是不看影戏,光听喇叭也够吸引人的,弄得

▷ 冀东皮影戏中的《跑旱船》2

> 传统皮影戏《火焰山》

挺红火。

而高荣杰他们那边,被顶得冷僻着没人看,整个那么大的一个影社所有人都到我这边看影来,他们来到我们这儿,李云亭还和我一起唱了段《封神榜》,但他就没显着多好来。因为方春荣管我父亲叫干爹,他和方春荣是磕头弟兄,所以我就叫他大哥。他来到我们台上,我就叫他来一段,大家都认他的唱,群众还是挺喜欢的。

魏:我记得李云亭最典型的调口是"吻儿哇、吻儿哇、一吻儿哇。"

齐:李云亭那时候觉得年岁比我大,经验比我丰富,唱丑有些影响,他唱那个"吻儿哇、吻儿哇、一吻儿哇",大家都觉得挺逗乐。正好那时场面上出了俩"丑儿",所以他唱一个、我唱一个,他那点东西我基本都记得,我记忆力也挺不错。我们俩唱的时候,我感觉他要使唤那个调口了,我就先给他使换了。他就准备下一个甩腔呀,他下一个腔还没使唤呢,我又给他使唤了,我一使唤他的调口,他的唱就不逗乐了,

> 传统皮影戏《白蛇传》

所以那时候他就没显着他的水平。那时候我唱丑儿的嗓子也还可以，观众也挺叫好，打那以后李云亭就鼓动专署要我。

魏：您什么时候调到专区影社的呢？

齐：1956年的时候，专署直接下令调我，但县里不给。当时的昌黎县文化局局长魏兆信，是挺有文化的一个人，他把专署的调令给顶回去了，说我是团长，是顶梁柱，我一走了整个团就垮了，说啥县里就是不给。

后来把文教党委的赵维君调去当正局长，还兼文化局党委书记，而魏兆信当了副局长，这回他们从专署党委角度调我，当时赵维君给我做工作，也给我父亲做工作。那时不光我，所有的人都不乐意我出来。我父亲更不用说了，我是他的膀臂，他不乐意让我出来。他们虽然做工作啊，这边也不让我去。有一次赵维君到农村去看我们昌黎影社的演出情况，晚上我和赵维君一起喝酒，我们俩一准就喝多了。因为他是丰润那边人，对皮影也非常熟悉的，他一看我的表演，也是挺认账的，所以他就提出来：齐永衡是顶梁柱，他一走我们这个团就完了，就没拿影的了。这么着专署又把这个意见转告给了李云亭，李云亭又主张把郎凤鸣弄过来和我对调。郎凤鸣这个人拿上影，但操纵的比较保守，他们做郎凤鸣工作，把他弄到我们这边来，把我调过去，是这么和专署达成的协议。

> 年轻时的齐永衡

魏：这是哪一年？

齐：1957年。我是1957年2月27号正式到的唐山专署实验影社，下调令下了半年。我到了专区皮影社以后，当年唐山专署举行第三次皮影戏会演。原来在1950年和1952年的两次皮影戏会演中，我都曾经获得了表演一等奖。1957年会演，拿什么节目呢？这边是高荣杰的《白蛇传》，是刘锐华写的，那边是《火焰山》，也是刘锐华写的。

> 唐山市天光影社演员合影

魏：那边是指哪边？

齐：那边就是专区一社呀，当时我到的是专区二社。那时候李云亭想充实二社，把好演员都搁到二社来了。那时二社演《火焰山》是我的操纵，一社演《白蛇传》也是我的操纵。

> 唐山市皮影剧团老艺人合影

魏：那您就是俩社兼着操纵。

齐：是啊，那次会演我获了两个一等奖。演《火焰山》的时候，我操纵的马走多长时间就有多长时间的叫好声，当时在昌黎的唐山专区小报，就说齐永衡的耍影人骑马是翻蹄亮掌，还有我的照片。1957年，唐山专署又搞了一次先进文艺工作者会议，我当选唐山专署先进文艺工作者。

1958年，唐山专区和唐山市开始合并，到1959年冬天，我们这个专区皮影社就正式迁到唐山来了。

到唐山以后影社多了，专区影社在昌黎就分一社和二社，唐山原来也有天光[4]与新乐民[5]两个皮影社，总计四个皮影社合并成立了一个皮影剧院，由老干部李佐之当院长，皮影剧院分为四个团，原来的专区一社是一个团，二社是一个团，市里原来的天光影社与新乐民影社分别是三团和四团。

魏：当时天光的演员主要有谁？

齐：有张凤阁、李春荣、郑久衡、张豁明，他们的影挺硬啊（演员阵容强）！

▷ 唐山市皮影社1960年演出节目单

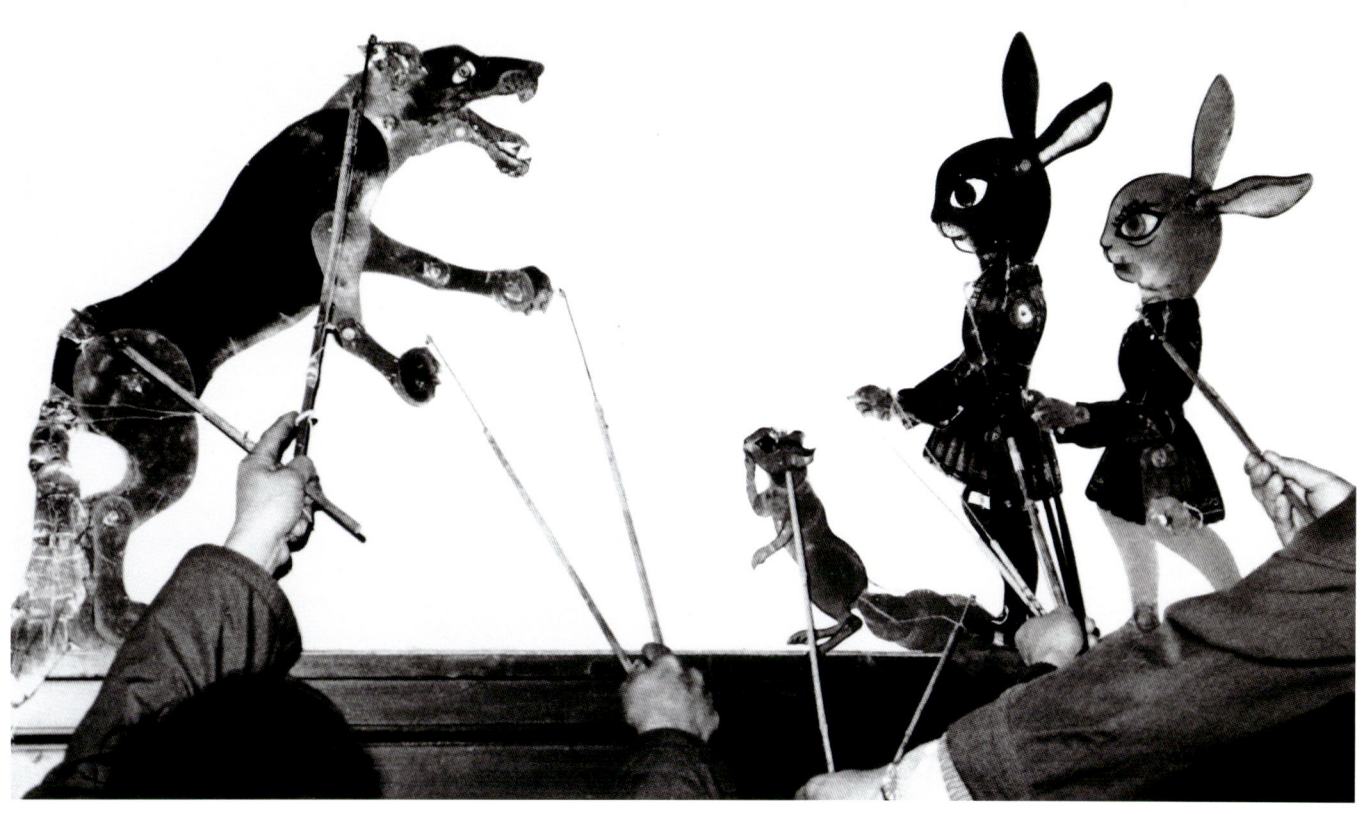

▷ 唐山市皮影剧团演出童话皮影戏《打狼》

》唐山市皮影剧团演出新编古典剧《梁红玉击鼓战金兵》

魏：当时您在几团？

齐：二团呀，一直在高荣杰这个团，高荣杰这个团叫示范团，所以把这个好演员都调进去了，这回我们就改成了唐山皮影二团。当时影团挺多，经济收入就不是那么太好了，后来还有一个团被东北要走了。

有一个老干部叫吴德，不知道你听说过没有？当时在冀东做过领导工作的，他后来到吉林省当省委书记去了，他非得要皮影，所以就把皮影四团给了吉林省。吴德实际是唐山这附近大新庄的人，他本名应该叫李春啥？是皮影老艺人李春荣的堂兄弟，他参军以后就化名叫吴德。他喜欢皮影，他到家乡一看皮影真够意思啊，非得要从唐山要一个团去，当时就把新乐民那个团打发出去了，也就是苏勉的那个团。

当时那个团挺了不起的，有苏勉啊，拉弦的傅宗义啊，开始把这些人安排到长春市。而他们当初是个县影社的底子，去了以后，虽然给了很大的支持和优待，结果这些人没上进心，老艺人的思想作风比较浓，不像李云亭这个影社曾受过多少年党的教育。他们弄着弄着不长进，没法以后给了吉林市了，现在有的活着，还在吉林呢。

吴德要走了专区的四团，而一、二、三团则留在唐山了，这三个团最后重新组建了俩团，就是唐山一团、唐山二团。有的演员就随便调动开了，李秀、苗广珍等人都调离了剧团。这俩团弄弄弄也不整齐，最后就干脆归了一个团了。

魏：这是哪一年？

齐：这些事我也不爱记，也就是六几年吧。"四清"开始的时候，还有一团、二团呢，苗广珍、苏旭他们在一团，把这些人们弄到"四清"工作队了，这是我特别记住的事。后来唐山地、市又分开，分开以后，咱们市里头这个团经常接待外宾啥的。地区也想要这个团，但市里就不给，不给了也没办法，1981、1982年的时候，地区从玉田找了一部分演员、从秦皇岛找了一部分演员，我三弟永清就是从秦皇岛找去的，这么着成立一个地区皮影团。以后地区、市里又合并，后来成立的这个地区皮影社，在1984年又合并到我们团了，一直到现在。这是唐山皮影团的一段过程。

> 唐山市皮影剧团演出《熊猫咪咪》

魏：那天我跟昌黎的董宝瑞聊了聊，他说，没成想咱们昌黎县出了这么几个皮影方面的人物，包括您、高荣杰、肖福成，也包括我，这都是昌黎县的家乡人吧。然后我们俩又说起唐山皮影和昌黎皮影，大家都知道有唐山皮影，却不知道有昌黎皮影。后来我就说了个观点：以前都叫老奤儿影、驴皮影，而不叫唐山皮影。1949年8月撤销冀东行政区，在昌黎设立唐山专员公署，可以说新中国成立初期，昌黎是唐山专区皮影活动的中心，去北京参加会演都是在这里备战的。

齐：对对对！后来进了唐山，成了唐山皮影剧团，唐山皮影才起来的。这么说唐山皮影和昌黎还是有点密切关系的。

魏：现在回忆您一生流动演出的地点主要都有哪些？

齐：我正想着讲这个呢！哈哈。早年基本上是由山海关往西一直到天津地区，还有北京地区的平谷等地。主要是在农村演出，包括山区、边远地区、贫困地区，多苦的环境咱们也受过，后来进入大城市演出，包括哈尔滨、北京、上海、深圳、广州、湖南都曾经去过，多好的环境也体验过。

≫ 1991年，唐山市皮影剧团在河北师大幼儿园演出《鹤与龟》

> 1992年，河北省委幼儿园看皮影戏的小观众

魏：石家庄您也去过。

齐：去过呀，最早的时候，在那里的露天剧场演出。

魏：您给我介绍过的，当年那露天剧场还有位邯郸去的老皮影艺人在那里看大门。

齐：对呀！从他那我才知道邯郸也有皮影的，很遗憾以后没有机会看到邯郸皮影戏的演出。

我印象比较深的演出是在1981年，当时唐山市文化局马局长找我，让我主持工作，那时候剧团连自来水费、电费都交不起了，演员的工资发不出，那么着让我带队出去演出，我们先到的遵化，从遵化到玉田，从玉田到蓟县和宝坻啥的，整个转了一圈。回来以后，剧团所有的欠债都还上了，演员过年的奖金也都发了。因为啥呢？就是咱们这次下去的效果非常好，在遵化演出满员、在蓟县演出也是满员。

蓟县是我们三度演出的地方，那里一位工商局的局长、一位电视台的台长，都是咱们昌黎人，我们是借这个关系去到那里的，一开始去的时候没满员，从第二天开始就一直满员了，在那演出了10天，满员满到啥程度呢？县长从下乡工作回来看演出都没有票了，没法了，县长就在过道边上站着看了一场。观众非常多，一个礼拜以内的票基本上都买不到。我们在蓟县的时候，黑龙江皮影剧团的上我们这儿学习来了，我们还陪着他们坐车参观了蓟县北边的黄崖关长城。

这是在80年代，我们农忙的时候一般在城市演出，农闲的时候到农村演出。

魏：那你们什么时候去幼儿园演出呢？

齐：都是开学的时候呀，一般是在幼儿园演出完了，再到小学。因为我们考虑到，那些老皮影没有年轻观众呀，得培养年轻观众呀，所以我们那时搞了一些小节目，专门走进幼儿园、小学里去演出。

在小学里演出，学生们看完以后非常欢迎，那时候我正当团长，老师们对我们讲："你们的演出效果太好了，看你们的演出，下面鸦雀无声，我们进行电教的时候，孩子们打架的、说话的啥都有。因为我们学校里文化生活非常枯燥，你们每20天能不能过来演一次？"最后还说："你们这个'面教'比我们这个'电教'要好！要受欢迎！"

我们去小学、幼儿园演出，主要表演《鹤与龟》、《打狼》、《熊猫咪咪》等节目，那时候幼儿园的收入，一个小孩一块钱，可不比农村演出收入少啊。开始的时候给一年级演出，8点到8点40分，40分钟，1个小节目，正好演出完了，也到下课了，这边一年级的出场，那边二年级的进场，学生们非常欢迎，那比在农村演出还不错呢。

魏：你们去农村演出的时间有什么规律？

齐：我们的皮影在20世纪30年代、40年代、50年代，主要都是在农村演出，因为它来自农村，一般农闲了，几个人往这儿一凑就可以搭台唱影，一般的农村都有业余的小影社，咱们冀东地区，专业影社也很多，主要都在农村活动，在城市演出的机会还是比较少。

在农村演出的时候，传统的老唱腔很感人，老年观众主要的还是要听唱腔。那时候我的表演手疾眼快，他们虽然也叫好，但是留意操纵

> 1991年，唐山市皮影剧团在北京平谷演出《三打白骨精》

的观众面很小。

等到了改革以后，我再到农村演出去，这时的观众就不一样了，喜欢看带灯光布景的皮影了，喜欢看操纵技巧东西了。有的村子集资要我们演三天这类影戏，后来有的村子让我们演半月。记得我们在滦县农村演出，那是春节以后，刮七级风，下着小毛毛雨，那是雪下了以后就变成雨了，为看咱们的演出，观众说啥也不走啊，顶着雨顶着雪就这么看着。

魏：这是哪年？

齐：这是1974年、1975年吧，"文革"后期，咱们那个时候已经排出《三打白骨精》了，那是张书良写的本子，张书良还跟着下去演出呢，晚上演出时他在下面打幻灯字幕。

魏：你们到平谷演出的时候我去过。

齐：哦，对！在平谷演出的时候你去过。咱到哪里演出每场也是演三四个小时，或者四五个小时，观众也不走啊，就那样喜欢，为啥呢？因为咱们的影啊，利用传统的技术，加上现代的手段丰富了皮影，观众看着就喜欢。这是农村的演出。

本章小结

在抗日战争和解放战争年代,冀东一带革命队伍中的影戏社非常活跃。当年第一个以宣传抗战为宗旨的新长城影社,是由冀东军分区司令员李运昌将军命名的,是1943年7月在当时冀东特委宣传部的驻地、长城脚下的迁西县黄槐峪成立的。在新长城影社的影响下,1944年6月,冀东军区十二团又在卢龙县冉庄成立了抗日影社,以后冀东各军分区团也都纷纷成立了影社:如新乐民影社、新慰民影社、燕南影社、滦中影社、滦西影社,等等。这些影社为配合当时的革命战争和土地改革,充分发挥了皮影戏在革命战争中宣传群众、教育群众、武装群众的作用。

在那个抗战和内战的年代,许多民间皮影艺人流离失所。齐永衡在十几岁时的切身经历,使他痛恨旧社会,向往光明和解放,积极参加革命队伍中的影社,这在当时来说也是难能可贵的事情。

后来抗日影社改名为滦东大众影社,至1952年,滦东大众影社与新长城影社合并,改名为唐山专区实验皮影社,后来再与天光等影社合并,即现在的唐山市皮影剧团。

建国初期,传统的皮影戏比较活跃,艺人们焕发了艺术的青春,积极改造传统的旧剧目,排演适应时代的新剧目,创造表演新技艺,改造灯光布景和唱腔,开展了广泛的演出活动,使皮影戏呈现出了一个日新月异的发展新局面。许多皮影班社除了在农村演出,还经常到机关、厂矿和幼儿园去演出,以适应新一代观众对皮影戏的要求。

齐永衡在其他谈话中,曾谈到唐山皮影的未来,他强调皮影戏必须在传统的基础上进行革新,否则就没有前途。他认为唐山皮影有几条路可走:一是继续保留传统皮影,为老年观众服务。二是创新形式,创作紧跟时代潮流的剧目,以适应青年观众的需要。三是创作寓教于乐的符合儿童趣味的剧目,到幼儿园、小学去演出。四是加强国际交流,到国外去演出,扩大影响,开拓市场,等等。

齐永衡的影戏班社生涯,不仅叙述着他所经历影社的变迁,同时也展示了艺术竞争与淘汰的过程。不同时期的皮影戏面对着不同的观众,变换着不同的形式,演出着不同的剧目。社会在变,观众在变,剧目在变,演员在变、表演技艺也在变,一切都随着时代发展着。

≫ 道姑荷叶船

注 释

[1] "都寨",秦皇岛以西十几里的一个村子。
[2] 代耕是当时解放区拥军优属的一项政策,即帮助军人家属耕种土地。
[3] 二娃子大院所在的宋家楼和姜李庄同在昌黎城关内,宋家楼属于城关五街,姜李庄属于城关三街。
[4] 天光即原来唐山小山的天光皮影社。
[5] 新乐民即新乐民影社。1946年3月时,由唐山地区行政公署教育厅厅长李佐之在迁西夹河戴各庄召开文艺工作者、老艺人大会上宣布成立的。社长由苏旭担任,这个影社在解放战争中,积极配合党的宣传工作进行演出。

第三章

回忆旧影班的习俗

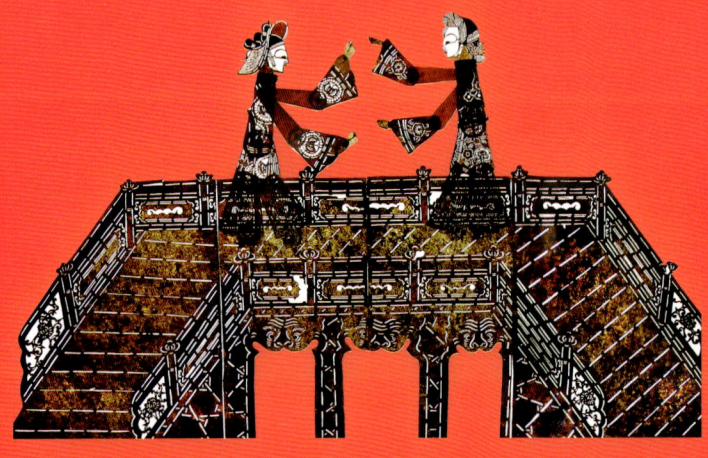

QI YONGHENG BEHIND THE ILLUSION
An Oral History of the Chinese Leather-silhouette Show

本章综述

采 访 人：魏力群
口 述 人：齐永衡
采访时间：2006年8月23日
采访地点：唐山市路北区机场路南楼五号楼
　　　　　齐永衡家里
在场的其他人：齐永衡妻子

  本章主要讲述了旧影戏班的俗规、信奉、行话等一些问题，也包括影戏班社的人员组合、舞台分工，等等。这些传统的戏班民俗，在现代已经逐渐淡化或者几近消失。在请齐先生回忆这些事情的时候，如果不深问，他也就简单的一带而过，似乎这些与他的皮影表演技艺已经联系不大了。但是，任何的民间艺术形式都是依托民俗而生存的，这是民间文化的一种主要特征，其中所包含的民俗观念则属于研究传统民间文化的重要内容。

  齐永衡在这里零散讲述了北方皮影班社的"七忙八闲"的分工、演出住宿的规矩、"影匠不付坐船钱"的习俗，以及"行话的一般使用"等。

047

魏：过去旧影班的规矩都有哪些？请您给讲讲吧。

齐：你说这个旧影班指的是啥时候的啊？因为虽然有人六七十岁了，但都是建国后才学唱影，旧影班也没搭过啊，所以你打听那些旧影班的事就打听不来。

魏：不是，我有时候下农村，那里的小影班子，别看唱的不是很强，但还保留着一些老的讲究，比如给观音菩萨烧香啊，到谁家去唱"愿影"啊，都还保留着一些规矩啥的。但是城里的演员一般都不知道了。在东北农村，我也感到影戏班子还有一些不成文的规矩，就是谁负责干什么，好像与谁唱什么角色有着一定关系。

齐：这个东西呀，就像"影匠话"似的，别看演员水平不高，但"影匠话"说得都挺好。农村的老影班里头，专门注意这个，怎么烧香啊、哪个干啥干啥，专门听这些东西。

过去皮影里是讲究"七忙八闲"，七个人忙活，八个人就闲一点。一般影箱的演员包括：一个唱"髯儿"的，一个唱"大儿"的，一个唱"小儿"的。过去唱"大儿"的兼着唱"副小儿"，他们属于一个发音嘛。再加上前边这四柱：拿影的、贴影的、打荠子的[1]、拉弦的。而比较大点的、比较好点的影箱子都是双角色的：有俩唱"大儿"的，俩唱"小儿"的，俩唱"生儿"的，俩唱"髯儿"的，过去拉弦的都是盲人，同时大鼓和小皮鼓也归他打，拿影的兼着唱"副大儿"，或者唱"丑儿"。

过去拿影的跟戏剧舞台上打武戏的一样，打武戏的没好嗓子，都是破锣嗓子。拿影的也没好嗓子的，我没倒仓以前开始是唱"小儿"，那时候年轻就搭个"副小儿"，后来嗓子倒仓了，喊个"大儿"啥的，唱"大儿"完了以后干脆唱"丑儿"了，过去拿影的是固定唱"丑儿"的。李云亭他过去是唱"小儿"的，后来唱"丑儿"的时候还是停留在老唱法的基础上，要不嗓子那么尖，到农村去唱也挺受欢迎。后来我就不那么唱，因为"丑儿"分为官丑儿、公子丑儿，还有小丑儿。唱"丑儿"的方法都不一样，我把这个官丑儿就唱得大一点了，听着大气。

影戏演员过去无论到哪里去演出，

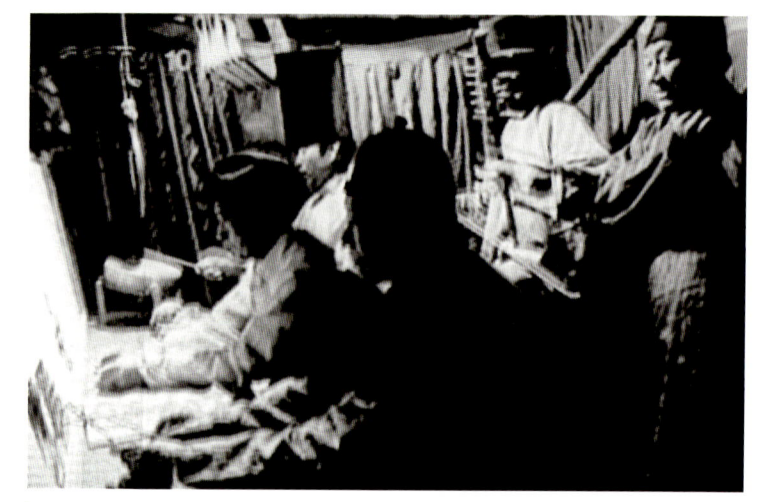
▷ 冀东传统皮影戏的演出后台

在住宿方面，皮影行当里是有规矩的，一般安排住处时，顶多安排两三个住房。固定是：贴、拿、打、拉这四个人住一个屋，唱"大儿"的、唱"小儿"的、唱"生儿"的、唱"旦儿"的住在一个屋。在我们每间屋子里，不是把你的行李占哪儿就是哪儿了，挺有规矩的，一去就知道哪儿是我放行李的地方。固定是拿影的睡在炕脚的这边上，拉弦的睡在炕头那个边上，外间当伙房嘛。伙房一天做三顿饭，每天炕都烧得滚热，冬天也挺暖和的。以后唱影的就不是这样了，到哪个村子卖票了，人家谁还给你烧好屋子呀，不管冷热的给你个屋就行了。

魏："文化大革命"期间有一年，王树龄他们的昌黎皮影社到南戴河演出去，当时我在学校也是没啥事，红卫兵嘛，王树龄说："你干脆和我们下去吧，我们演《红灯记》，你帮我们宣传毛泽东思想。"当时还有杨景会、田世民、梁兆元、刘福贵、赵凤桐那些人，然后我就跟着玩去了，结果去了有半个多月。当时我也带着行李呀，他们让我住哪儿我就住哪儿，但我觉得他们好像特别有规矩，当时没太注意这事。除了这些，您还记得其他规矩吗？

▶ 冀东传统皮影戏的打击乐

齐：因为唐山皮影戏是"照本宣科"的，所以也经常把我们唱皮影的叫"唱照条"的，就是照着本唱嘛。过去咱们这个皮影演员，不叫"下九流"，就是因为影戏演员必须要识字才行。那个时候的影匠都穿着大褂，可以参加科考，可以中举人，外人要称皮影演员为"先生"，或者叫"影经师父"。而唱大戏的演员呢，他们需要背词演唱，都是在明场演出，他们就是"吃明条"的。现在说这个好像不好听似的，过去唱戏的演员，纯粹是"下九流"，戏曲演员地位还没有妓女高呢。这是我们行当里的一些名词，一说"唱照

> 冀东传统皮影观音菩萨造型（魏力群收藏）

条"的就知道是演皮影的，一说"吃明条"的就知道是戏剧演员。

魏： 大哥我还想问您一个问题，就是"影匠"这个称呼，好像不是一般唱影的人就能称"影匠"，这个"匠"字，好像与木匠的"匠"不是一样等级似的。丁振耀（皮影老艺术家）跟我说：齐永衡才称得起影匠，而说他自己只够半个影匠。您怎么看呢？

≫ 影箱盖里侧的观音菩萨牌位

齐： 过去外界人称咱们为影匠，认为影匠、木匠和铁匠都属于匠人，那人是干啥的？——影匠。其实"影匠"不是这个名，是从"影经"这来的，皮影戏和佛门关系比较密切，唱皮影的就是念影经的，因为"影经"的发音近似"影匠"，后来把念"影经"的称呼成了"影匠"。

在新中国成立前，打开任何一个旧影戏箱，把影包拿出来后，在影箱盖的里侧上还有个观音菩萨的像或者是牌位，那是我们皮影的祖师爷观音大师。传说她曾经带着大徒弟韦陀和小徒弟散财童子，到北方来讲经说法，讲的是因果报应与劝人行善，后来人们都很怀念她，就用纸做了个观音的形状，在窗户后边用灯打着，这外边的人一看太像了，就烧香拜佛啊。过去就有这样一个说法："影戏本是圣佛留，未曾上台灯打头，大锣好似开山斧，劈开三教

≫ 影戏舞台上悬挂着的影人

> 民间皮影戏的开场锣鼓

共九流。"那时候皮影演员都属于佛门弟子，我们的剧本过去都叫影经、影卷，就是从佛门经卷这么来的。

旧社会演出时，每天上台都是我背箱子、拿窗户棂子，凡拿影的就专管这个。上台以后，我把竹竿子往这一吊，把影箱子里的影人拿出来挂好，把影包一摞，把"手橛子"（又叫惊堂木）摆上，上面不是有仨眼儿嘛，再拿出三炷香，燃上以后往上一插。这里有两种意义，一是因为观音菩萨是皮影的师祖，需要在开演之前拜师祖；再一个意思是那时候没有钟表，可以让它记时间。开演之前都要打"三级通"[3]嘛。把香一点着就打头通锣鼓，香点燃到半截就打二通锣鼓，香快点完了就把影窗户支好，打罢三通锣鼓就立即开演。过去弹古筝的不是也烧上一支香嘛，也是拿这个计时。

在影戏台上，有的东西是不能随便动的，比如鼓键、书键子（压影卷用的）都不能乱动。影包搁哪儿呢？不是有个影兜子吗，拿个杆往那一支，把影包往那一放，放平了，也可以把骑马的影人往那一放。

▷ 民间皮影戏小舞台

支影窗户的时候，拿影的与贴影的两个人，从两边把窗户棍子插上以后，同时把影窗帘卷上去，一插就弄好了。弄完了以后，我就要把影人都安好了，而贴影的就开始弄灯。

旧社会唱影用的那个油灯是个长方形铁盒子，有7个铁嘴，也就是灯捻，平时在灯捻上都插着一个铁帽，用时把铁帽拔下来，再用铁镊子，把这个捻子往外拔拔。那个捻子是用啥做的呢？咱们过去纺线用的"布秸"（就是棉花卷），这么宽一块棉花，把里头搁上一根香再卷成卷，卷完以后就搁在"贴影的"箱子里头备用，所以"贴影的"又叫"顶灯的"嘛。那时候到哪个村子演出，固定是要演4宿，每4宿影的演出，东家都会给个棉花胍子（一小卷棉花），这个棉花胍子就归"顶灯的"了，如果演8宿、演12宿，他用不了这棉花胍子，攒到一起就拿回家去了，还给一股香，也是给他的，这是顶灯人落下的好处。

在演出前要把那个棉花捻往外拔拔以后，点上一个捻，"噗"的一吹，"呼"就全着了，这是过去点7根捻的煤油灯。再早没有煤油的时候点什么呢？新中国成立以前，点花生油、豆油，用炒菜的大勺加油，为什么用7根捻呢？只点一根捻会在影窗上看见签子秆，点两根就弱一些，赶到7根捻的时候，签子秆就看不见了。

在油灯下演出，油灯烤得特别厉害，但是有一些特别的效果可以做出来，比如说马王爷出场，我们叫

053

影戏箭秆王 第三章 回忆旧影班的习俗

> 现代皮影戏的演出后台

"哨灯",用一口气吹一下火苗,"噗——"影子就在那忽悠忽悠地闪,就像活的一样。但是油灯耗油特别厉害,演员们每演完一宿影戏,也都被油灯熏的跟小鬼似的啊。

再有,搭影台时,上棚顶也是一种功夫呀。棚顶卷着往那一戳,整好以后,就"唰"的一扔,那么大的舞台整个给扣上了,那也都是练出功夫来了。这一般是由唱"大儿"的演员负责,上台时,他不仅扛棚顶,还要拉着拉弦的瞎子,瞎子拿着弦还要背大鼓。

打板鼓的俗称叫"打轰子",他一个人要负责板、锣、铙钹、小鼓,还要兼着唱,他是舞台上的总指挥。过去皮影演出的时候主要不是看操纵的,而操纵是听着锣鼓点做活的。

此外,负责打手锣的固定是唱"小儿"的,那时手锣不是像现在挑着的,而是有两个眼拴着个带,搁手里挎着,同时掐嗓子在唱着。皮影是固定的这么几个人。

过去的规矩中还有就是不许女人上皮影舞台、不许女人坐拉影箱的车、不许女人坐影箱上。因为没女演员以前，老的传统东西比较多，建国以后就不讲究这些了。记得有一次我们上农村演出的时候，别人一般都不坐我们的拉影箱的车，但有位妇女主任挺大方，上去就坐在影箱上了，我们从心里有点硌硬（讨厌），也不好说啥，到那以后下车了，就把她坐过的这个影箱用谷草扫了扫。建国以后有了女演员了，就没有这个讲究了。

魏：还有影匠和那个摆渡的关系是怎么个说法呢？

齐：搭影台时，在影台头前、影案子底下就是缺着一块板，据说这块板是观音菩萨她老人家过河的时候，留给船家当跳板用了，所以皮影台上就缺这块板。影匠搭摆渡不要钱，他要钱的话就跟他要那块板，呵呵，摆渡的他们也都知道。

魏：我也遇到过这事，刚才不是说到我曾经跟着昌黎影社到南戴河演出嘛，那还是"文革"期间，白天我从南戴河到海滨去买点东西，当时都要搭船过那条戴河，我推着自行车上船以后，看人家都是每人交五分钱，而我的钱他却不要，我忐忑不安地就下去了。回来以后我绕弯从北戴河回来的，回到影社那里，我说今天我过河，给人家钱人家不要，不知道是为什么？艺人们说："他当然不能要啊，你现在是干啥的，你是跟着我们影班子来的，你现在是影匠了，影匠和摆渡的是一家子。"然后就简单讲了讲这里边的故事，以后还知道山西影戏班子里也有这个说法。

齐：嗯，民间吹喇叭的、算卦的、唱皮影的，还有摆渡的，都算是一家人，他们说的行话也都一样嘛。

魏：那您再谈谈关于皮影行话的问题吧。

齐：皮影行话分为几种，有露八分[4]，还有徽宗语，还有反徽宗语。宋朝的徽宗和钦宗不都被金人所擒去了吗，他们被囚的时候，说话怕金人听见，就发明了这样一种徽宗语。现在徽宗语快失传了，但露八分用的还不少。

为什么过去皮影老艺人要有行话呢？因为在演出的时候，往往有些背人的话，是怕别人听出来了，比如在台上把影人脑袋弄掉了，你总不能说："脑袋！脑袋！脑袋掉了！"如果用行话来说："呐得、呐得、呐得逆了。"台底下观众就不知道是什么意思了。比如同行提醒你："该你唱了。"就得说行话"搁鸟赤了。"

又比如"吃饭"，用露八分的说法就是"操富"，用反徽宗语的说法则是"翻颤"。

其他如：齐永清——掐一掐，张春生——只穿纱，张向东——只细多，我——歪，你——鸟，他——特，喝——含，打水——斗拴，拉屎——搂闪，贼——载雷，唱影的——赤咬的，洗衣机——显一间，掀书——西栓，不好——包和，死了——扫咧，等等。

影戏箭秆王　第三章 回忆旧影班的习俗

≫ 唐山传统皮影《牛郎织女》（唐山市博物馆展览图片）

魏：我看您和永清在一起通电话，总是用行话。

齐：那时我父亲与我二兄弟、三兄弟，他们在一起说话就是这个："掂，操骚摸富耶——爹，吃什么饭呀"？"鸟克着字去！——你看着做去吧"！"咱们超几子吧——咱们吃饺子吧"，"是鲁鲁拽的还是棱棱逮的——是煮的还是蒸的？"

比如你魏力群三个字，用露八分的说法就是"袜勒齐"，还可以叫"雾勒查"。如果用徽宗语就是"绿儿绿儿歪、立儿立儿载、屡儿屡儿揣"。

我的学生笪建光，露八分的说法叫"刮记搭"或者"都记姑"，用徽宗语就是"拉拉载得的、练练拐的、浪浪逮"就跟外语一个意思，像A、B、C、D、E一样有一些固定的字母，拼在一起的。这可以编一本《影语》，可不是"英语"啊。

魏：有个疑问：您父亲叫齐秉勋，可是人们都称他为"齐老秉"，还有人们常把影戏大王张绳武叫"张老绳"，这是因为什么？

齐：从咱们老家这块一直到东北，都有这么个习惯，在姓氏后面加一个"老"字，是表示对人的尊重。过去那个年代，咱们那儿到东北三省做买卖的人比较多，过去买卖人都以第二字为尊，所以一般都在姓名的第二个字前面加老字，像我父亲齐秉勋就叫齐老秉、刘作信叫刘老作、苗幼芝叫苗老幼，你魏力群在那个时代就尊称你是魏老力了，全都是这么表示尊称。还有一种称呼，是在第二字后加大，如刘作信称刘作大、齐秉勋称齐秉大、孙品卿称孙品大。"大"——指大爷，这是比称呼先生还尊敬的称呼。比如叫我齐永衡，那就是叫齐老永、或者齐永大，过去这种称呼已经没有了，现在都叫我齐老了。

本章小结

　　由于皮影艺术的起源曾受到方士幻术和俗讲僧挂图宣讲等宗教文化的影响,在后来的发展过程中,也一直没有离开传统的宗教信奉观念,如庄户人家祭神农、渔民祭马祖、泥木工祭鲁班一样,这里的旧影戏班历来都供奉观音菩萨,民间历代影戏班都尊观音菩萨为影戏之祖,每逢观音祭日或每年新季节开台之前,都要由班主带领演员烧香上供祭祖观音菩萨。冀东一带影戏的艺人被称为"师父",缘于旧时对念经和尚的称呼,演出用的剧本被称为"影经"或"影卷",影戏中正面角色的脸谱,包括小旦、小生、老生等都是依照观音菩萨塑像的直鼻梁和环眉细目进行刻画的,这种造型也就成为冀东驴皮影的一种独特风格。

　　唱"愿影"在民间比较普遍,现在许多偏僻的地方仍保留着这些演出习俗。这其中寄托着老百姓的朴素观念,谁家有了病和灾,或生子、添犊等,均要拜拜观音、许许愿,事后请来影戏班唱唱影戏,这种娱神兼娱人的习俗在全国各地历来也都是如此。在东北地区除了"愿影",还有"喜影"、"寿影"、"堂影"、"会影"、"太平影"、"平安影"、"丧影"、"敬神影"等多种讲究。

　　"影匠不付乘船钱"的习俗,在冀东、山西、陕西等皮影戏流行的地区还有这种事情。在冀东传说:影匠和摆渡的船夫都是南海观世音的门徒,影匠宣卷劝善是"普度众生",而船夫则是"普渡众生"。在陕西,旧时的皮影艺人社会地位低下,甚至连自己也认为是有辱于祖先,他们与同样地位低下的理发匠、船夫同病相怜,彼此有互惠行规:皮影艺人理发不用拿钱,传说八仙过海中的蓝采和也曾是卖唱艺人,手执的大拍板是个乐器,又曾抛拍板于水幻化为船,所以皮影艺人与船家有着一层缘分,坐船自然也就免费了。

　　行话即行业隐语,俗称"黑话",也叫"切口"、"春口"和"春典",冀东"驴皮影戏"的行话,也有人戏称为"驴话"。皮影艺人长年在外演出,饮食住宿都没有属于自己的空间,常遇到一些不测之事需要处理,有时又不希望外人了解自己内部的行为详情,这就自然产生了一套与普通百姓用语不同的语言。只在影戏艺人之间交流,对外人则不轻易说。影戏艺人的"行业语",必须有师徒名分才传,否则便是"宁舍一锭金,不舍一句春"。

≫ 麒 麟

注 释

[1] 冀东皮影戏的操纵一般都是两个人,台口左侧为上影,是主操纵,俗称"拿影的";台口右侧为下影,是副操纵,俗称"贴影的"。"打轰子的"即指冀东皮影戏中锣、镲、板鼓的伴奏,这几种打击乐均由其一人操作。
[2] 皮影戏演出时,剧本需要摆放在操纵台上,演员现场依照剧本进行唱念,故有"照本宣科"之说。
[3] "三级通"即开场前的三通锣鼓。
[4] "露八分"即已经暴露了八成的意思,这是冀东皮影行话最简单的一种。

第四章

皮影雕刻制作技艺

QI YONGHENG BEHIND THE ILLUSION
An Oral History of the Chinese Leather-silhouette Show

本章综述

采 访 人：魏力群
口 述 人：齐永衡
采访时间：2006 年 8 月 23 日
采访地点：唐山市路北区机场路南楼五号楼
　　　　　齐永衡家里
在场的其他人：齐永衡妻子

冀东一带皮影人的雕刻工艺要求极严，从刮皮、浆皮、下料、雕镂、着色、上油到组装完成，各道工序相互关联，其中以浆皮和雕刻最为关键。高超的浆皮工艺可以使雕刻的影人在百年之后仍能平整如初；精湛的雕刻技巧以推、转、凿等秀劲多变、疏密有致的刀口，使皮影作品呈现出优美的韵律性和精巧的工艺性。由于各地风俗习惯不同，影人雕镂造型的大小、长短，花纹的繁简、疏密，线条的曲直、虚实，色泽的明暗、鲜淡，场面的富丽、古朴，也都各有所长，影戏造型从而呈现出千姿百态的风格。

冀东皮影戏班中的演员分工比较细，一般演员通常都不会雕刻影人，只有操纵演员必须掌握雕刻技艺以应对演出中的临时需要增加或者修补残损的影人。齐永衡先生对这方面技艺非常熟悉，特别是他自幼所接触的家传影戏箱，就是雕刻名师"影人状元"杨德生所雕制的。齐先生在本章除介绍了杨德生的影人雕制工艺特征之外，还详细谈到冀东皮影雕刻的技艺流程。

第四章 皮影雕刻制作技艺

魏：您操纵皮影戏都一辈子了，您对雕刻影人也应该比较熟悉的，咱们现在念叨念叨皮影雕刻的事吧。

齐：在咱们北方的影戏班子里，一般演员都不会雕刻影人，而那些专门雕刻影人的一般也不会演唱皮影。像我们做操纵的演员却必须懂得皮影雕刻这门活计，因为在外演出中经常要增添一些不常用的影人、小道具啥的，或者需要修补一些要坏了的影人，临时找别人雕刻也来不及，只能是自己动手。

另一方面，所有演出用的影人都需要经过我们操纵演员来使用，所以我对影人雕刻的好坏、皮子选用的对不对、装订的合适不合适等，也就是影人雕制的质量，是比较挑剔的。从我所接触的皮影雕刻艺人来看，他们的雕刻水平可是有着比较大的差距。

》著名雕刻大师杨德生雕刻的黑净花罗帽（魏力群收藏）

> 著名雕刻大师杨德生雕刻的小生元帅造型（魏力群收藏）

冀东皮影的雕刻也是按滦河的分界分为东、西两大路，西路影人一般比较呆板，东路影人刻得比较精神。东路影人雕刻技艺最好的叫杨德生，是抚宁县人，因为他雕刻的影人最好，所以影匠们称他是"影人状元"或"影人祖宗"。他曾经常年在沈阳刻影，你买他的活计要提前4年才能订到。他就是雕刻好了，也不马上给你，必须重压1年，让影人不再变形，那才能交货，那是真正的保质量。

过去唱髯的老艺人李秀就专门从杨德生那儿定做影人，唱小旦的高荣杰在新中国成立初从东北回关里时，带回来的影箱也都是杨德生的活计。我在新中国成立前要小影人的时候，我们的影戏班子使用的还是杨德生的影人，那箱影人原是抚宁县桃园岳新华的，日伪时期交给我父亲管理，1945年的时候我们就把这箱影买下了，我从13岁玩影人，跟随父亲到处演影，一直使到1957年，曾使用多年，那影人是非常好用的。我们在外地演出几个月，每天两场，经常白天、晚上不停的演出，影人也不下线装箱，一两个月的时间，影人就在上面挂着，但它永远不会弯卷。特别过去是在油灯下演出，那影人就总是那么平展，就像现在常见的赛璐珞片那么平。这主要是他的皮子浆得好，阴干压平，多大风吹也不变形，做的又精细，皮子韧筋都被刻断了性,加上用色用油又十分讲究,所以总是平展的。他的影人那时价钱非常高,现在可是很少能够见到了。

魏:您感觉杨德生的影人雕刻技艺主要高在什么地方呢?

齐:最重要的是"浆皮",什么叫"浆"呢,就是把刮好的皮子经过长时间的浸泡,泡的发起来之后,再拿出来把它一点点阴干,阴干之后的皮子逐步恢复原状,又变得透明了。阴干这个过程非常复杂,就好

≫ 铲皮

≫ 绷皮

≫ 刮皮

像做干豆腐似的,用沙袋压,因为沙袋没有空隙,压上去它会保持平整的。压的时候每天要晾一会儿,放放潮气,然后再压,这么一遍遍折腾到最后阴干,干透了才能拿去雕刻影人。而且,在雕刻之后也要压,上色之后再压,上油之后还要压,所以他的影人才总是那么的平展。

魏:我在20世纪80年代曾经到杨德生的老家去访问过,见到了他的孙子,当时已经60多岁了,还送给我几件据说是杨德生晚年卖剩下的纸影人,真正演出用的皮影已经没有了。我知道您对皮影的雕刻制作工艺也非常熟悉,就请您再谈谈咱家乡皮影的雕刻技艺问题吧。

齐：谈到雕刻皮影，那首先就是处理皮子的事情，剥驴皮时，千万不能让皮子沾上血，否则血渗入到皮里边，刮出来的皮子就不透亮。剥好的驴皮需要放进大缸里先浸泡，如果是在夏季，要泡一天一夜；如果是在冬季，那就要泡5至7天。要求达到泡软泡透的程度，然后捞出来搭在一个用圆木斜支的木架上，把皮里子向外，用铲刀铲去皮子里面的残肉，俗话叫做"镫里子"，使用的铲刀不能太快，否则容易将皮子铲破。

接下去是要把铲好的皮子沿皮子四边扎眼，每两个眼约3到5寸的距离，再用小绳穿起来绷到木框子

▶ 刮皮工具

▶ 用针背磨刮皮刀刃

上，绷得越紧越好。然后把木框子斜靠在墙上，将皮子里向着太阳晾晒，如果将带毛的一面向太阳是不易晒干的。等到皮子绷干以后，用刮皮的刀子刮去驴皮外面的毛，再刮净驴皮内面的油肉。

刮皮用的刀子俗名叫"锞子"，它是圆形的、像个大铁碗似的，四周边缘就是刀刃，中间有个把。刮皮的时候，刮皮匠都要在口中含一根针，准备用针磨刀刃儿，每刮一会皮子，就需要一手执针，另一手倒握着锞子把，轻动柄把，使刀刃沿着针杆转动就可把刀刃磨得很锋利。

刮皮子时用力要匀，忌讳一手重、一手轻，否则容易刮破皮子，直至把皮子刮得净亮、透明为止。如果是在冬季操作，注意不能让驴皮受冻，那样会不透明而且影响使用。

刚刮好的皮子叫生皮，不能直接用来刻制影人，因为生皮本身不是平整的，虽然在木框上经过强力拉拽，绷得很平整，但遇水就会收缩，遇风和灯烤又会翘卷。另外生皮很难着色。所以必须把生皮浆成熟皮才能进行雕镂，只有把皮子浆好，才能使所雕刻出来的影人永远保持平整。

魏：据您知道有多少种浆皮的方法？

齐：浆皮的方法有许多种，常见的有矾水浆皮、热水浆皮和石灰水浆皮。

矾水浆皮：就是用凉水加入明矾搅拌，然后把生皮按厚薄分剪成皮块，在矾水里浸泡。矾水的配制比例一般掌握在能净除膜皮油性就可以。约两三天后，皮子泡得滑润舒展，就可以捞出，用净布揩净浮水，分层用生棉布夹叠起来，放在木板上，布层的上面压上重重的沙袋让其自然阴干。浆过的皮子不易翘卷，容易着色，而且挺板透明。

热水浆皮：一般先用大锅烧热水，让水温保持在70℃左右。也是把刮好的皮子裁成所用大小块，把厚皮先放进去，然后放薄皮，皮子泡软并有点透明了，就拿出来晾到八成干，待皮子不黏手的时候，再把它压平。

魏：据说浆皮的温度是最难掌握的，是吧？

齐：浆皮过程中的温度是最难掌握的，过去没有温度计，民间传统的试水温办法就是用手指在热水中挑试，全凭民间艺人的手指确定水温的高低，有的艺人难于掌握水温，故采用低热温水长时间浸泡的方法，一般要泡一至两天。

还有人图省事，采用石灰水浆皮的方法，但浆出来的皮子透明度可就差多了。

» 刮制好的皮子

压皮子也需要技术，将湿皮子稍晾一下，但不能在阳光下暴晒。当晾到基本没什么水汽的时候，须赶快压皮子，即将皮子摞在一起，最上面压沙袋。

刚才讲到杨德生雕刻影人非常强调"压"这个环节，需要反复的压，再打开晾几分钟，然后再压，直到干透为止，目的是使皮性柔软。如果压的时间长而不打开晾一下，便容易发霉。浆过的皮子透明度好，也去了油污，便于上色，也不再缩水了。

魏：接下去就应该是"选皮下料"和"雕刻"的问题了。

齐：雕刻皮影要定画稿，一般是根据前辈艺人传留下来的图样来刻，只有个别高手才能够自己设计画样，有的艺人经常使用一种叫做"鞴子"的东西，也就是用化学板（类似塑料板）做的影人造型轮廓的模子。

影人的底样确定之后，就要根据所雕刻的内容进行选皮了。皮子有薄有厚，还有横竖纹理。雕刻影人很讲究"三段皮"的使用，也就是：影人身子的上节要用薄皮，影人腰部皮子需要稍厚，下节要更厚，这样做出来的影人会悬垂稳当；头茬要求薄厚适中而又透明的皮子；影人胳膊的上臂需要更薄的皮子，那样才能适应影

▶ 雕刻谱样（熏稿）

人做武打的灵活动作；皮影中的桌椅、书案等需要摆置平稳的景片，则需要在一张驴皮上选用最厚的部位。同时还需要注意皮子纹理一定要竖向用皮，否则影人会因为卷翘而不贴影窗。

另外，在驴皮之中有"云子皮"和"股子皮"，这两种皮子千万不能使用。"云子皮"是由于皮子受冻或热捂之后出现像云团似的白斑，它不透明。"股子皮"也就是驴屁股的部位，筋特别多，受热则凹凸不平，经不住灯烤，所以也不能使用。

将选好的皮子铺在画稿上，用针锥子按照谱稿划成轮廓线，然后用浸透了水的毛巾盖在皮子上面，压上一宿时间，等皮子吸入水分湿透变软以后，就可下刀雕镂了。

雕刻皮影时，一般都是每一刀雕刻两层，需要把两层装订好并划好图样的皮子放在蜡板上进行雕刻。雕刻时要用大拇指与食指夹住刀杆，中指推刀背，逆进雕刻，刀走中锋，就是刀要垂直，在刀法上还有顺刀、逆刀、明刀、暗刀的区别。

影戏箭秆王 第四章 皮影雕刻制作技艺

≫ 唐山专区影社1958年的影人设计彩稿

> 影人画稿用的鞑子

皮影雕刻要根据内容来采用阴刻或者阳刻，例如将小生、小旦的面部镂空，留下各部位的轮廓线，就叫阳刻。又例如净角的面部是将各部位的轮廓线镂空，保留面部的实体面，这就是阴刻。

一些老艺人也曾经总结出许多雕刻皮影的口诀，例如：

"驴皮薄厚选择严，浆压不够就不平板。

> 唐山专区影社的皮影设计老艺人居尚

> 唐山专区影社的皮影雕刻老艺人肖福（董宝瑞提供）

影戏箭秆王 第四章 皮影雕刻制作技艺

≫ 全身影人造型图谱

≫ 唐山市皮影剧团《三打白骨精》中唐僧师徒造型的设计图稿1

▷ 唐山市皮影剧团《三打白骨精》中唐僧师徒造型的设计图稿2

云子皮千万不能用,股子皮受热就卷弯。

脊背皮适合刻桌椅,脖子皮用在车马船。

大刀口,小刀口,刀口锋利要直着走。

顺茬做影能挺立,横茬刻影卷又偏。

……"

魏: 雕镂工具应该都是艺人自己做的吧?

齐:雕刻用刀子,一般由艺人自己做,大多是用旧钟表条或者小钢锯条磨成,一般刀杆长三两寸左右,刀刃长一两分,刀刃都是斜茬。

蜡板是在一块长约八寸、宽约五寸的小木板上挖成个木槽,只在木板四周留边,中间添上蜡。蜡是以蜂蜡为主,加入少量牛油,用铁勺加热溶化,再与炭灰搅拌后填入木板槽。炭灰以葫芦瓢炭为最好,香灰和棉絮也可以使用。添槽时要使蜡稍凸出木板槽边为好,晾干后用锤子砸实即可使用。这其中的牛油起调解蜂蜡的脆性和黏合炭灰的作用,炭灰和棉絮能减低蜡油的油性,免得弄脏所刻的影人,也能使雕刻时不塞刃。

第四章 皮影雕刻制作技艺

≫ 皮影雕刻工具

≫ 雕刻皮影

≫ 雕刻皮影

> 皮影雕刻一刀刻两层

魏：最后的工序还有上色、上油和装订。

齐：给皮影上色所用的传统颜料，就是民间染布用的"品色"，如品红、品绿、锡绿和墨，后来改用透明水彩色了，这些颜料色彩纯度高、透明度强，色彩效果非常强烈。上色之前，先用湿毛巾拧干，在皮子两面擦擦，然后立即上色。也有的在上色时，先上一层胶水，为的是上油后明亮。

上好颜色的影人经过夹压干透之后，便开始上油。早期的影人都是涂抹桐油，因为过去的时候没有清漆。桐油很粘，上油时，将桐油或清漆涂于双手掌心上蹭啊，蹭到手都热了啊，两手同时均匀地拍擦在上好颜色的影人的两面，这么拍着给影人的两面上油，拍得要均匀，让桐油吃到皮子里去，这样涂油也不会糊住刀口。罩上油的皮影部件放在架有竹条的箩筐里，架一层竹条，放一层皮件，最后支小布蓬罩上以防尘。

上完油之后，一般是晾在没有人住的、通风无尘的空房间里，不能有烟火、不能常去人，特别忌讳有人抽烟，桐油一见烟就永远干不了，三天左右即可干透。也可以把刚上完油的影人用细铁丝钩挂起来，使其自然晾干。影人彻底阴干后，再压上很长的时间，有的需要压一两年，然后才拿出来装订、交活儿。

> 雕刻好的皮影人物各部分关节

最后是影人装订问题：皮影雕刻部件油好干透后，就可将影人的上身、腰节、双腿、双肩、双手等各部分活动关节用线装订起来。装订影人时要选好袖子和两腿的反正面。其中两只胳膊从影人身子的两侧订在同一点上；两腿的装订是一前一后，但前腿要从影人行进方向的右侧来订，后腿相反。

影人装订后，要在影人脖口上加上脖套，还在脖口和双手拴上脖条和手条，也就是影人的操纵杆。操纵杆是用铁条加秫秸秆做成，它的长短依据影人的高矮而定，以操作方便、可以平稳摆放在影窗为合适。

≫ 皮影染色工具

≫ 皮影染色

≫ 皮影上油

魏：还有一种技艺是"旧影人翻新"，一般是怎么做的？

齐：旧时影班使用的影人，由于总是在油灯下演出，很快就被熏黑，颜色也看不清了，而且影人桐油漆受热便容易发黏。影人放置年深日久，受了潮、桐油过性，影人本身发黏沾手，或放在影人包里影人互沾，或影人陈旧，因此这些影人每过两三年就要翻新一次，俗称"洗一洗影人"。其办法是将旧影人放在碱水中浸泡，待桐油和颜色脱掉后，拿出来阴干压平，再重新上色、上油。也有的人使用火碱水轻刷旧影人使之脱油脱色，还有人将旧影人埋在草木灰中，喷水阴湿，两三天后也会脱油、掉色，但这种方法容易使影人变形。

影人所使用的"品绿"颜料容易退色，新影人经过两三年后，尽管其他颜色仍很鲜明，但绿色则将退尽。若要重新加色，由于影人外层已有油质保护层，水色难以再涂上去。可以用毛笔蘸好颜色后，再在肥皂片上调合一下，这样便可以将颜色染在带油面的影人上，待颜色干后再重新上一次清漆即可。

在新中国成立前,丰润县黑山沟的许多农户均以刻影人为常年副业,甚至村里的姑娘、媳妇也都能刻,每年开春时,各地影戏班子都去那里订货,到腊月时再去取货。此外在青龙、迁安、抚宁也都有过许多专门雕刻影人的艺人。

皮影雕刻艺人们除为影戏班雕刻影人之外,在年节期间还要刻一些纸影人,拿到集上去卖给孩子和一些喜欢影戏的人们,这些纸影人的雕刻虽然远不及影戏中的皮影人,但却很受老百姓的欢迎。雕刻纸影

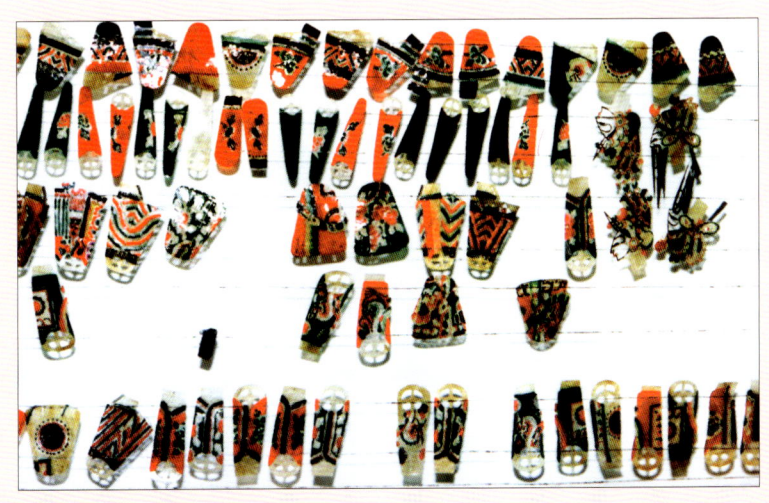
≫ 皮影上油后晾干

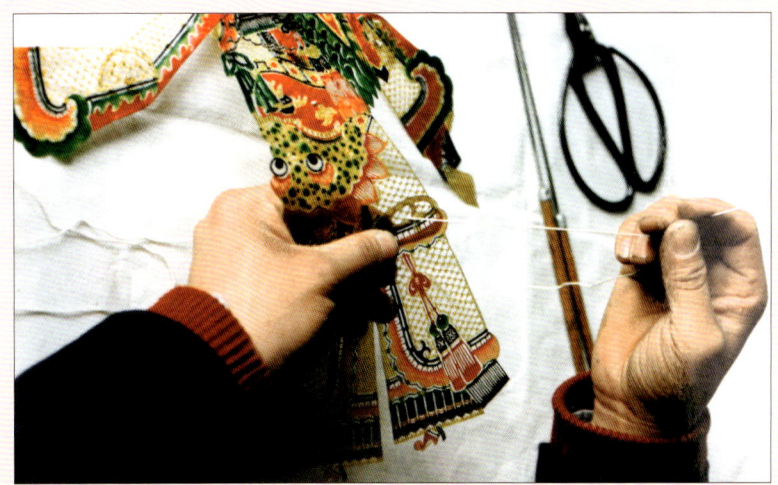
≫ 组装皮影人

人一般使用三层粉连纸糊成夹纸,晒干后,在两面刷上矾水,那样使影人在刷油时不会透油,而且还非常透明。

影人的雕刻制作过程大概就是这些内容了。

影戏箭秆王 第四章 皮影雕刻制作技艺

≫ 乐亭刘佳文的雕刻作品

≫ 乐亭刘佳文的雕刻作品

本章小结

雕刻是皮影造型形式美的重要体现,刻镂影人的行业,自南宋"绘革社"以后,一直伴随着民间影戏班子而生存,在皮影戏兴盛的地区,影戏班子遍及城镇乡村,影人的需求量很大,所以便造就了一大批皮影雕刻艺人,他们当中有的是祖辈相传专操此业,有的则兼事刻影人、印染花布、扎纸扎、画庙等多种营生,几乎各县都有一些雕刻皮影的专业户和影人作坊。

我国早期的影戏从素纸到羊皮的雕镂再延续到近代,皮影雕刻因地区不同,所使用的皮子也不同。我国北方皮影自滦州秀才黄素志在东北再兴影戏时,由他的弟子裴生改用驴皮制作影人,由于韧性强,结实耐用,透明度好,所以一直延续至今,并形成独特的面貌。我国西部则多使用牛皮,同时也有使用马皮、驼皮雕刻影人的。我国中原与南方各地的影戏,有部分使用牛皮,也有些地区如浙江、湖南、广东仍然使用羊皮和厚纸的。皮影雕刻材料的不同,与各地皮质原料产地和对牲畜的民俗观念有着密切关系。正是由于各地影戏造型特征、雕刻材质、所用工具的不同,所以在雕刻技巧方面也有着比较大的差异。

本章所记述的影人雕刻技艺,虽然出自一位皮影戏操纵演员的叙述,但由于他对传统雕刻技艺有着非常丰富的知识和实践经验,所以其内容充实、条理清晰,形成了对冀东皮影雕刻技艺的完整总结。

第五章

传统演唱技艺的演变

本章综述

采 访 人： 魏力群
口 述 人： 齐永衡
采访时间： 2006 年 8 月 23 日
采访地点： 唐山市路北区机场路南楼五号楼
齐永衡家里
在场的其他人： 齐永衡妻子

本章主要叙述冀东皮影传统的演唱技艺问题，包括唱腔追求的"字正腔圆"、唱腔艺术演变过程、老一代著名演员的演唱特点，以及唐剧（影调剧）的发展情况，等等。这里口述的不仅是齐永衡自己的从艺之路，同时也是传统技艺的发展之路。

通过他的口述，不仅可以看出他的艺术阅历非常丰富，还可以看到他对传统艺术的深层理解与实践。齐永衡的记忆力很好，尽管所谈艺人大多是建国前后那段时期的相识或同事，有些还只是听说或者只是见过面，但是凡是有艺术个性、有艺术影响的影戏演员，他都能随口道来。特别是在口述过程中，他不断的随口就唱，把前辈老艺人的唱腔特点模仿得惟妙惟肖，让你如同身临其境一样。他也很直率地谈到了一些水平不足的演员，基本都是就事论事，看得出他没有刻意贬低的意思。

魏：过去都把昌黎、滦县、乐亭的人称为"老呔儿"，所以这里的皮影戏又有"老呔儿影"之说。应该说冀东的昌、滦、乐是皮影窝子，特别是建国初期，唐山专署所在地也在昌黎，那时，昌黎皮影非常兴盛和普及。

齐：影戏为什么在这一带普及呢，因为当时的文化活动非常少，老百姓一般看不着大戏，早先也没有电影，就能听个评书、听个影啥的。我小时候，我姥姥也喜欢哼唱影戏，她一天书没念过，平时自己就喜欢唱，老太太一边纺线一边哼唱："陈杏元泪滔滔，叫声兄弟就要相抛……"这唱的是汉朝时民女陈杏园代替公主出塞的故事，她都是平时听着就会了，就这么整个一部《二度梅》的影卷她都会唱下来。

"文化大革命"那个时候，学生上学也没有干别的，没有事也唱皮影，就像唱样板戏的那个"穿林海……"工人在工厂里做工，有的也爱这个，唐山就有这么七八个厂子有影班子，像唐山车辆厂、唐山水泥厂、唐山煤矿等。你那个厂子有，我那个厂子也有，他那个厂子还有，为什么呢？工人拿这个当作一种娱乐、消遣。就是现在唐山开滦矿有个俱乐部，每礼拜六、礼拜日还演皮影呢。有的工人在井下干完活，上来以后脸还没洗、澡也没洗呢，就赶紧跑那去看皮影了。

我们以前就在小山那块儿演出《三侠剑》，有许多工人们就为了看那个盛英（剧中主人公）被困在鹰愁涧，困进去以后，我们演出了半拉月还没救出来呢，观众一直等着看啊，有的上班也不去，真有五六天不上班的，就等着看剧情的收尾结果呢，那时候皮影的魔力就这么大。

我们唐山市的原市委书记、现在的河北省副省长张和，他的影瘾就非常大，他会操纵，还是在他当市委秘书长的时候，曾经到台上来看我，他拍拍我的肩膀："哎，老伙计，叫我来两下子。"唐山许多的领导还都会唱影，因为唐山是咱北方皮影的发祥地嘛。

过去冀东皮影分两派，滦河以东的昌、滦、乐属于东派，就是昌黎、滦县、乐亭的皮影。滦河以西的丰、玉、遵属于西派，就是丰润、玉田、遵化、唐山这一带的皮影。

滦河以西主要演的是快马轻刀

> 2005年9月，齐永衡与原唐山市委书记张和

≫ 皮影韦驮站像

影戏箭秆王 第五章 传统演唱技艺的演变

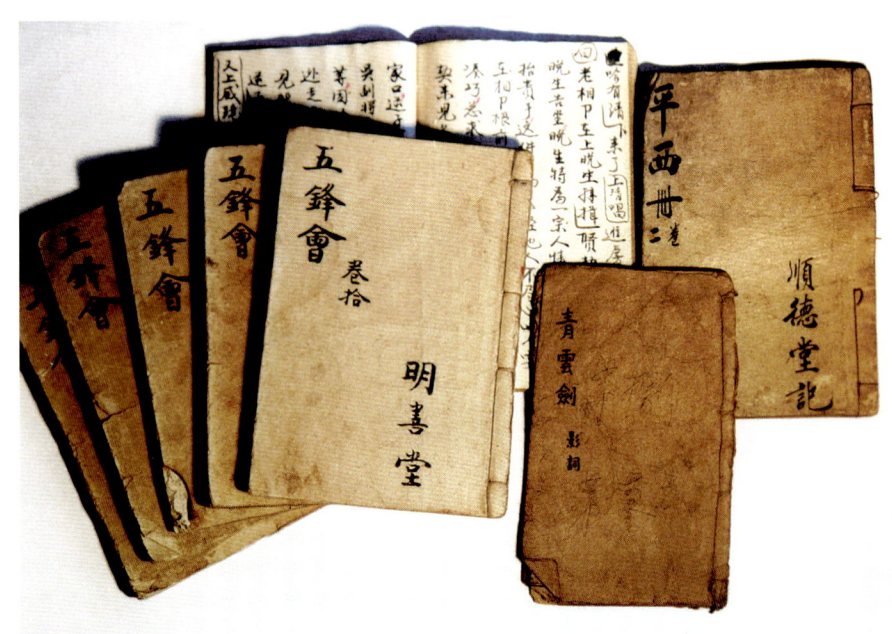

≫ 冀东传统皮影戏《五锋会》剧本

的大卷,像《薛家将》《杨家将》,演出节奏就是比较快的。

滦河以东注重唱功,专门讲究"曼声感人"和"字正腔圆"。什么叫腔圆呢?(学唱秦香莲唱段:抱琵琶我把弦定准……)这是腔圆。

又例如在皮影《五锋会》中"杀山"以后,皇上有段"大封官"的唱儿,他跟大臣们讲述:有人要刺杀他时,多得一个忠臣把番兵杀败了,但不幸被一枪扎肚子上,肠子都拉出来了,演员念唱的这地方很讲究用声,比如"方才在庙内",哪个是用声(强调的字声)?是"庙"字,而不能强调"内"。(以下唱词强调的字用粗体)"方才在**庙**内,多亏了**他**一人,杀死了二凶僧,拖**肠**血淋淋,**朕**把他的灵柩带回朝,超度**他**的亡魂"。所以说演员的水平如果不高的话,他念不出这些东西,咱们传统皮影专门讲这个东西,它专门讲究字正腔圆,它从哪儿来的呢?

魏:抑、扬、顿、挫是根据剧情而来的。

齐:那么什么是"字正"呢?就是善于刻画人物。比如说齐怀(唱"人生如同做梦……"),他的唱腔就像真的做梦一样。再比如说剧情中有这样的话:"启禀元帅,现在我们还有一万人马。"听起来好像是兵马挺多吧。那么换一个说法:"现在只剩一万人马了。"这两个"一"的念法就大不一样了,又比如说问"你还有多少钱?"回答:"我还有一万呢"——不少吧?再问:"你还有多少钱?"回答:"就剩一万了"——这就少了吧,一万、一万,分别强调前后哪个字,发音一高一低,意思就大不相同,所以皮影戏的情节就是靠念字来交代。

《二度梅》那出戏演出的是唐朝肃宗的时候,打不过外国番邦,就讲究和番,把自己的女儿给人家成亲以求和好。可皇上又舍不得自己的女儿,奸相卢杞就告诉皇上说:陈春生他家的女儿长得漂亮,皇上可以让她代替公主前去和番。陈家是大户人家,女儿出门都不舍得,全家哭的跟泪人一般,那也没办法呀,后来走到河北邯郸,邯郸有个丛台就是陈杏元登丛台观望家乡的那个地方,那时候她身边的小侍女挺关心主人,说"小姐呀,天不早了,赶紧休息吧,明天还得和番呢"。她内心非常的苦闷、悲伤,说"咱们主仆只剩一宿的时间了"。多长啊？一宿了，很短很短的吧，如果说（换语调）："没事，还有一宿呢。"强调了"宿"，就显得时间很长呢。皮影里专门讲这个东西。

上次我帮助山西孝义排演皮影《刘胡兰》，他们请的是山西话剧院的配音，配音说话都挺好，但有的地方用字还不讲究，如"真是贵人多忘事啊"，这句话他强调了其中"人"的音调，我说不对，应强调"贵"字，应该："真是贵人多忘事啊。"这样他们也有所感悟。这就是"字正腔圆"中的字正啊。

魏：好人、坏人、穷人、富人，都是强调前面的定语，而不是后面的"人"字。我记得以前您还说过一句话："一个好影匠，一张嘴就知道他有多大道行！"现在我有了体会。

齐：当年张凤阁从唐山到昌黎演《牛郎织女》，他是唱髯儿的，但他张嘴一唱观众就笑，有人说他像唱丑儿的，为啥呢？这是地域的关系，咱们那边念字非常讲究，比如"匣子"就不能念成"瞎子"，而他都念成一样的，因为唐山以西不讲究这些念字，而昌、滦、乐就非常讲究这些东西。

只有研究了这个东西，你就会越演越好，可是现在的剧团也大都没懂这个的了，比如唐山戏校教了一个唱老生的，他们把《三义庙》中曹克让的念白给改了："哎呀，老哥哥呀。"觉得挺感人似的，但古人哪能这么叫呢？哪有叫老哥哥的啊，应该是："哎呀，仁兄啊。"因为那是官巾[1]扮相呀，身份是侯爷呀，跟别人都不一样，不能像老百姓那样喊"老哥哥"。

魏：我记得您给我讲，官巾丑和小丑唱法都不一样。

齐：力群，你也看过《五锋会》那个节目，那是经过多少代的老先生们慢慢积累、积累，都形成"壳子"[2]了。里边"全家福"一段中，曹克让与沈冰洁因为两家仇深似海呀，哪会有好印象啊，所以开始就指责她，后来她用"莺声燕语"，打动了曹克让，所以又改说："好啊！"这有情节的变化在里面。现在的《五锋会》唱成那样，感觉就不对呀。

》 冀东传统皮影戏《张四姐盗宝》

魏：您能否对老前辈的各种唱腔风格简单给介绍介绍。

齐：过去的时候，有一个叫李振的，他和我没搭过班，但这人我都见着过。李振专门唱小角色，比如唱《张四姐盗宝》，他唱得嘴那个巧啊，我学人家学不了，听我父亲念叨过这事。我父亲那时候唱《张四姐盗宝》里的傻神仙，他唱张四姐，他们俩合作唱的没有那么再好的。当演到傻神仙被瞌睡虫晕倒以后，他是一边说着一边唱着：

"哎吆，我的傻神仙呀，傻又愚呀……我今逃下33天，便是凡间之女子，像那人为万物之灵也，（从此起唱）

得了这个人身便是修得，有那些人不知福，都惦着成仙与成佛，

都说成仙成佛是快乐，依我看呐也平和，

我今盗来四宗宝，不受贫穷富贵哥，

院子里栽上摇钱树，要什么可就有什么，

如意金砖更有用，怕的是凡人疑我是妖魔，

有人与我治了气，金砖一下叫他见了阎罗。"

人家那个板就这么清楚，专门卖嘴卖字，唱的那个美劲儿啊。他一边说着一边唱着，影人在云彩里走着，看这个美劲儿。张四姐是玉皇大帝的女儿，她从天上聚宝楼盗下四宗宝：摇钱树、聚宝盆、如意、金砖。演出张四姐不是大青衣，也不是花旦，也不是刀马旦，这叫小花旦，念那个字蹦蹦直蹦。唱这小角色，现在有谁唱得了呀？现在这个没人会了。我没给李振搭过伙计，这些传统的东西，我也只是大概有点了解。

这些东西都是从哪儿来的啊？俗话说"打班戏、糅班影"，过去唱大戏的学员，教师拿着刀坯子，或者鞭子，学员翻不过去的时候，"啪"的打一下子，哪个不行再"啪"一下子。而皮影讲究"糅班"[3]，皮影演员都是糅出来的，咱俩是个搭档，你这么唱，我这么唱，能够互相配合唱得好，观众挺喜欢，这就算糅到一块了。

在我上一代唱小旦的，小旦的唱腔调口很简单，比如（唱）"再表那鹦鹉相（鹦鹉丞相）展翅飘摇……"原先没有什么唱腔调口啥的，慢慢发展到周文友唱的小旦，是周文友创了一种调口。但周文友的调口刚开始兴起来的时候，却没人喜欢，皮影界也好，观众也好，都说他是外匠派，没有一个接受的。可是到以后大家接受了，你不唱周文友的调口都不叫好了咧，周文友的调口是万能的，唱哭的、唱乐的，唱啥的都一样，（学唱）一个调口两种感情。

魏：我记得我小时候常看到周文友，他已经不唱影了，他在昌黎电影院南边的路口卖茶水。但是外地唱影的只要到了昌黎，都会上他那个茶摊看看他去，我觉得这就表明对周文友这位旦角唱腔创始人的一种

尊重。

齐：他的成就是大家都肯定的，那就是人家周文友的调吗。现在的唱腔基本还是人家那个，你看现在唱白蛇的，最后还是那个调口。以后在哈尔滨有个郑香久，他跟拉弦的陈宝森，他们俩把京剧里的调口揉进来了（学唱），以后郑香久的调口兴起来以后，就比周文友的调口有了新变化。郑香久是咱们关里人，玉田人，他的名字叫郑兴，他嗓子忒好听呀，他到东北以后才创的新调口。

魏：我不知道您是否有印象，有一次，他从东北来，到你们团，那时候还叫地区影社呢，就在昌黎皮影院，高荣杰他俩同台一回，他唱的好坏我不记得了，我对他印象最深的是掐着嗓子唱的动作太大，站着站着一唱一猫腰就蹲下，然后再站起来，一个调口才唱上去。

齐：那就是借那股气，他嗓子忒好听，比高荣杰的嗓子好太多了。高荣杰单就嗓音来说并不好听，就是人家唱啥像啥，名声才硬。

≫ 2006年，齐永衡在冀东民俗博物馆表演跨马抡刀

魏：李紫兰的东西跟他们有啥差别？

齐：李紫兰的嗓子也好啊，尤其是唱《摔凤冠》："啊，我儿你莫非疯了吗？""我疯了、我疯了、我疯了啊……"一听他的这个唱，你头发都会发乍，那真是有点神经似的，他不仅是唱得比较好，他嗓调也多。另外他还贴影啊，他一边操纵一边用手掐着嗓子，唱到"一刀砍掉头上盔"，就把嗓子松了，手上就换影人了，连唱带操纵非常的利索，这是他这个演员的特点。

就这么来说吧，哪个演员好赖，如果没嗓子就唱不出好来。为啥你听着陈奎章的嗓子跟风琴一个味儿呢，真好听。演员没个好嗓子不中，但是有好嗓子没能耐也不中。过去还有郑久衡，他那嗓子很粗，但是人家唱刀马旦唱得好，例如《杀四门》中："那不中啊，我早知……"说着话就慢慢唱起来了，到了后边有惊喜的情节，"啊啊，她还是怕火烧啊！"真是带着眼泪乐出来的效果，他唱这个就比较好。

像孙品卿呢，唱闺门旦比较好，他的气长，讲究慢，曼声感人。如《柳金婵还魂》："我儿醒来我儿醒来。"（唱）"哎呀一声罢了我，忽忽悠悠把阳还。"人家一口气就能唱下来，他就好在这个地方。他平时研究女人的说话特点，尤其是没结婚的女子，比如："哎呀，我的妈亲呀，这么一个小人儿，他说了些啥话呀？"——就是那小姑娘说话呢，他嗓子就适合这个，就是乐亭本地说话那个味的，唐山皮影以乐亭话为"正口"。

高荣杰唱的小旦，他好就好在善于刻画皮影人物，同时又根据他自己的特点有所变化，他在唱哭韵的时候更有自己独到的东西。他那个人跟咱们都不一样，他是男的唱女角，他有时候真就很像个妇女，不像男子汉有个阳刚气。每年清明节的时候，他到坟地里听女的哭去，"我的天啊，你咋这么早就走了啊……"我们小时候都经历过，尤其我们北方，妇女在清明节上坟的时候，双腿一跪，手绢一捂，到那就是这么哭，都这么着。他就把这个东西糅合到皮影唱腔里了，比如高荣杰唱那个《二度梅》："父母想儿，身在家来心在外，我杏元想父母，身在外来心都在咱家，我的爹娘啊，这一辈子你算见不着你儿我的面了。"唱得真好听啊！开始的时候他把观众唱笑了，这个笑不是贬，是感觉他这个唱得跟老娘们哭一样了，可是以后唱着、唱着就把人都征服了，最后唱得台下边叫好叫的"哇哇"的。以后别人也就都学他这个哭韵了，这说明一个好演员，必须要深入刻画人物。

当时的旦角里面，其中郑久衡的刀马唱得好、孙品卿的花旦唱得好，而高荣杰他唱啥像啥，他唱《刘瑞莲救驾》的时候，唱出来了她那杀威的劲头，影人唱词是："上天我杀他到灵霄殿，入地啊，哈哈，我也把土剑……"他可以拔俩尖，高俩八度，高荣杰唱头个一调口的时候，观众就等着叫好呢，结果他又上一个调，那就更叫好了。同时观众看着我的操纵与他配合的严丝合缝，都是百分之百的劲头，那观众的叫好声就上来了。

魏：那时唱"生儿"的都有谁呢？

齐：过去张正科唱"生儿"，张凤阁是张正科的徒弟，在《刘仁扫北》中刘仁唱："我今脱去两件名利担，我心已是满，意已是足。"人家专门刻画这情感的东西，过去专门讲这种东西。

唱"生儿"的齐怀过去曾经是唱"小儿"的，因为不如周文友唱的能让观众叫好，他就改了唱"生儿"了，他走下音，高音他没有。

李秀唱老生是受张效轩的京韵大鼓的影响，比如："先生你，头上歪戴着乌纱帽，身上斜披着蟒龙袍，三魂七派不附你的体，眼泪汪汪跪在荒郊，要不是你哥待你情谊好，早就一命赴了阴曹。"

魏：他也是加上京剧的东西了。

齐：李秀这个也叫"簧腔"，所以那是"簧腔泰斗"啊。张绳武是"咳嗽腔"，也是各成一派。

以后陈奎章也接近唱这个了，比如（唱）"何处的降兵、降将、降人马？"听着真跟风琴出来的味一样，跟和弦似的。实际上这个调口是陈奎章从东北回来研究的。陈奎章是唱慢口的属于慢功，没等着拖腔下来呢，好就上来了。嗓子忒好听。陈奎章说的道白就比李春荣、张绳武都有时代感。

过去老演员没事就专门研究这调口，专门研究唱法。高荣杰唱《邵玉兰救夫》，他把剧本背都背下来了，但只要是当天晚上演这个节目，还是白天一天拿着本不放，他一直看着，看完了以后觉得哪个地方不

▶ 传统冀东皮影戏《邵玉兰救夫》

足，就一边唱一边改进。

魏：有一次我曾经看到卢秉信偷着练功，当时是"文革"期间演样板戏皮影的时候，那时你在唐山，他在昌黎当社长，张春生、卢绍敏还是学员正跟他学呢。他中午躺在床上，别人都以为他睡觉了，当时我去找人时看见了，老爷子正在侧身躺，面朝着墙在看影卷，还小声哼唱呢。这是老艺人对自己要求很严。

齐：那时候忒投入啊，陈奎章他小的时候，是唱"髯儿"的，乐亭科班出身，没唱两年后来没嗓子了，人家就不要他了，自个就没啥出路，就喊嗓子吧。冬天把冰打一小洞，他就在那喊嗓子，喊这一冬天，把嗓子喊出来以后，真好听。这是什么道理呢？在河上凿个窟窿，嘴对着窟窿喊，嗓子一发热，冰对它有个刺激作用。以后人家高薪聘请把他找去了，钱多了。这都说明过去老艺人对自己要求很严格呀。

魏：您和李紫兰搭过班吗？

齐：和李紫兰没搭过班，但是我们见过面。他的特点是嗓子多，可以不掐嗓子，他还会贴影，他一边唱着"一刀砍下凤翅盔"，啪，手上还变换影人，这是他的特点，我父亲过去总

❯ 昌黎皮影艺人田世民曾经陈列在照相馆的照片

介绍他。

所以过去谁唱得好谁唱得坏,谁拿影最好,我都知道,老人们都给我念叨过。那时候从操纵方面讲,还得说是我的启蒙老师,我在这上有印象,他演的《包福打店》,包福单腿上来,拿着灯……(拿着影人比划),这个就非常好看。《包福打店》就像《三岔口》那个戏似的。

魏:这个好像是《渔家乐》里边的一段。

齐:对对!对对!还有就是唱的《邵玉兰救夫》,不是有一个黑脸的送信的嘛,迈步走的那个绺堂、疙瘩帽子[4],(拿着影人比划)一开始慢着走、快着走,下边的(观众)好就上来了,这是赵善元演的。当时还有宋宝是唱"大儿"的,演唱很有激情,赵善元操纵给他拿影人,俩人配合得非常默契,那影人帽子一甩,拿影的带唱的,下边好就上来了。这些东西,现在年轻人上哪儿听去呀。

刘福田原来是唱老旦,嗓子挺不好听,没法了,我就说:"四哥你学贴影吧。"这后来才是他贴影、我拿影,我们俩一直到高荣杰那个时期,还在一起合作呢。以后刘福田退了,田世民就帮着操纵。田世民拿大影手法开始也挺好看的,可是他眼睛不得劲,顾上顾不得下,居尚管他叫"瞎田三"嘛。我记得田世民拿影还出过一回笑话,那回他演《敬德哭马》嘛,薛仁贵死了,敬德正在建大佛殿呢,闻听消息不就骑马跑嘛,结果把马跑死了,可能是田世民表演大意了,突然下边观众叫好声"哇哇"的上去了,他寻思叫好呢,结果是影人脑袋早已经掉了,是下边叫"倒好"呢。

我们到唐山了,赶上下放那个

> 昌黎皮影老艺人田世民在北京中国美术馆演出

> 唐山市皮影剧团演出《鹤童》

年代，刘福田、田世民、苏立晨、白景潭、钱俊生在那个年代一块下放回家了，当时一人给一千块钱，那时候一千块钱顶现在好几万啊，他们就都走了。就剩王树龄被昌黎影社要去了，是郑化民要过去的。

魏：以前我也听您父亲、我的大伯谈过皮影老艺人各家各派的唱腔特点，那是他从唐山戏校退休回到昌黎老家，当时常去昌黎皮影院和郑化民在一起念叨这些，那时候我小，也不太懂呀，所以后来我也老问您这些唱腔方面的事。

大家都知道您是做操纵的"箭秆王"，但我多次跟别人都讲到：您的唱腔也是非常丰富的，而且您的丑角唱腔还是一绝。现在我想问您：您的唱腔是跟谁学的？

齐：原来皮影班子里搞操纵的都会唱，我主要学的操纵，一般搞操纵的没有唱正角的，都唱"丑儿"。传统就是唱"丑儿"，我父亲唱"丑儿"的，唱"丑儿"还是受父亲的影响比较大吧。

魏：那您就是一拿影就开始唱"丑儿"了？

齐：到昌黎影社了，才开口的，原来大家管我叫"哑巴红"，就是靠操纵出名而不唱。到昌黎影社了就没办法了，班子的人都是固定的，必须分担唱的角色，我的岁数也大了才学唱，其实我最早是唱"小儿"（小旦）。

魏：那么这唱"小儿"，您是跟谁学的？

齐：不用学，这些年了都有道行了。以后唱小嗓子倒仓了，就是换童声了，换声以后我就唱"大儿"（净行），也不像人家嗓子好，我最后就唱"丑儿"了。

魏：您父亲原来不是唱"丑儿"的吧？

齐：他原来是唱"大儿"的，我叔唱"髯儿"，我叔还拿影，后来我父亲的嗓子没有了。就改唱了一段丑角。到我开始唱"丑儿"的时候，我老觉得原来那个调口比较简单。后来还是受戏曲舞台的启发，比如看了一回牛得草演的豫剧《七品芝麻官》，我就排了《鹤童》，这里头就是以丑官为一条线。

魏：我知道这是张书良专门给您写的，量身打造的剧目。

齐：这个戏里从头至尾的唱，我都强调要有变化，甚至吸收了评剧老艺术家洪影的味道了。郝贵是

▷ 著名皮影演员丁振耀

《鹤童》里头的一个赃官，我就把牛得草（豫剧名家）的那个抬轿和那个人物的表演给吸收到影戏里来了，（学唱《鹤童》，郝贵唱）：

"噢，见前方有一位窈窕女，匆匆行进奔山川，

她肩柔宽胯细长的腿呀，黢黑的发呀垂在腰间，

叫人越看我是越爱看，（插白）亲娘祖奶奶，她咋这俊呢，活活把我都给俊死了……"

这是我后来发展的，中间那点咳嗽腔是我学李云亭的。这里头板头有变化，感情也有变化，我就觉得我唱"丑儿"相比老一辈的唱法有新的东西，这出戏在中央汇演时，他们都感觉挺新。

≫ 著名唐剧演员彭秀兰（成贵民提供）

魏：唱"丑儿"，有人教您吗？

齐：没人教，我父亲以前唱"丑儿"，以前我也是按这个路子来的，但是我有点变化，在《雪艳》那个戏里，不是有那么一段唱。

魏：哦，《审头刺汤》，也叫《一捧雪》。

齐：（唱）"有汤勤睁醉眼留神观看，瞧见了新娇娘她美貌如花，

她黢黑的头发如同墨染，柳眉杏眼玉米银牙。

我若与此人成婚配，胜似……

叫一声雪雁呀，你细听根芽，

你看你汤老爷我好不好，比那个姓莫的倒是佳不佳。

我年纪不大，胡子留的早，

你可以雇长工连根把它拔呀，更显的光滑"。

我在我父亲的基础上融入了新的东西，以后和李云亭在一块了，我又把李云亭的东西吸收了一些，他那个是专门小丑的唱腔。以后我还向豫剧借鉴，所以说我是取各家之长，我的唱腔比传统的"丑儿"又丰富了许多。

魏：看来您在吸取各家的长处，从而形成了自己的风格。

齐：一直到80年代唱《刺桥》那个戏，90年代左右唱《鹤童》的时候，这都是皮影中丑角的典型

唱腔。

魏：《刺桥》是您跟彭佐臣一起合作的。

齐：对对！一个演员的好坏，你不用介绍这是一级演员，那是二级演员，你看他一举一动，听他的一唱一说，就会知道这个演员值多少钱了。要不高荣杰到哪个台上也不会随便张嘴就唱。他到哪个影班，都会有人说："高老师来了，给我们唱段吧。"但他不会唱，这里头有两种情况，唱好了吧，把你们埋没了，唱砸了，就会有人说："原来高荣杰是这水平呀？"

≫ 唐山市唐剧团演出《人影》

魏：我还听说齐成瑞曾经在东北唱影的名气很大，是吗？

齐：齐成瑞是乐亭人，也是我们一族的，他在东北和孙品卿、陈奎章他们把长春吃红了，齐成瑞嗓子也挺好啊，唱"大儿"的，可是他以后就没嗓子了。

魏：影戏中以唱腔为主的顶尖演员，也是高荣杰、陈奎章他们这一代吧。

齐：我熟悉的老艺人中，高荣杰、陈奎章，还有李春荣都是比较好的演员。咱们说张绳武和李秀，虽然是先声夺人，嗓子比较好，但他们"影身子"（指艺术造诣）还没李春荣高呢，念字还没李春荣正呢。

影戏箭秆王
第五章 传统演唱技艺的演变

> 唐剧《人影》演出单

魏：您说李紫兰这一代也算高水平的吧？

齐：高水平的！在那个年代是高水平的。

魏：您比如说咱熟悉的陈奎章，这个唱"髯儿"的人没了，后来再没有超过他的，有没有接近他的？

齐：没有了！没有了！陈奎章也是"曼功感人"，嗓子非常好（学唱），他唱得非常好听，你听吧，叭嗒叭嗒这个味，哎呀是真香呀、是真好听啊，他是柔中取好。李春荣的唱，他是快节奏，他是用末后尾的拖腔叫好。演员的嗓子不一样，条件不一样，运用也不一样，所以这个东西，你净学哪个演员，你学不了，因为你没那个天资，没那个条件。比如新凤霞的那个唱，鼻音特别大，那么好听呀，像是从双簧管中发出的声。

魏：皮影剧团有些是戏校毕业的，那就是学谱子过来的，恐怕就唱不了影戏的"大卷"，恐怕离开谱子就唱不了吧？

齐：唱不了，他们演不了大卷，演大卷都是即兴演出，都是自己一边唱着，一边设计唱腔、设计调门、设计板式。现在我就非常着急，皮影后继无人、皮影的演员青黄不接，将来可咋好？丁振耀是皮影界的老人了，他从1957年开始唱影的时候，虽然是唱"大儿"的，但也赶上高荣杰给他设计唱腔，他在高荣杰那学了点东西。力群你说，如果说像丁振耀这样的老人再不在了，像我们这个年岁的人都不在了，这个皮影唱腔会是个什么结果呀？

魏：您说这个事情，我也有相同的感觉，这是很客观的事情。这样我又想到了唐剧，也叫影调剧，那个唱腔虽然是从皮影戏里来的，但总是感觉还不够影味。

齐：由戏校来培养学生，最早叫影调剧，后来改名叫唐剧，一个中央领导人来讲过：京剧是父亲，皮影是母亲，生了个孩子叫唐剧，武打动作、家伙锣鼓全是戏剧舞台上的东西，道白唱腔是皮影的。那时候演出都满员呢，非常受欢迎。全国一会演就拿奖，为什么呢？就因为唱腔比较独特。

但是，咱们当地人看皮影戏都非常懂的，刚出来个影调剧，开始却不知道是个啥，人家去看他们演出，说："这是看啥去了？看影去了？看啥影？不是影啊，这是啥剧呀？"结果大幕一拉开，锣鼓点一响"哒哒哒……""哦，是京剧啊"。刚往那一座，（唱：不如意时常八九……）"哦，唱影的啊！"

原来唐剧团唱小生的有王德友，唱小旦的有彭秀兰，唱老生的有何景田，唱老旦的有张淑菊……可是以后弄着弄着，这些演员都没嗓子了，观众到那儿坐一会儿，一听唱就不爱听了，没嗓子嘛。以后"文化大革命"了，老艺人都靠边坐了，所以唐剧弄着弄着，眼瞅着这剧种就快灭亡了。

现在唐剧演了一出《人影》，挺震动的，救活了唐剧。

▷ 唐山市皮影剧团已故老演员张春生

主要使用了"老奤儿影"的母语——乐亭话，群众就认可这个家乡味。

记得在唐山不是举办皮影戏会演来着嘛，来了几个外省的动物皮影，演的那么好，但这没人愿意看，非得要听这个"唱"，为啥乐亭影戏来演《柳毅传书》，一张口下边的好就上来了，这正是家乡味。皮影戏如果讲普通话就没人看，这回唐剧新排的《人影》改用乐亭话了，这一使用地方方言，下边看着就感觉真过瘾，真好！

魏：曾经有《河北日报》的同志问我，怎么看待戏校培养的皮影接班人。我说："我对戏校培养的皮影演员是不满意的，为什么呢？因为传统皮影戏的演出，主要依据就是剧本，演员之间即便是以前没有合作过、没有排练过，但是临时在一块就马上可以照本宣科进行演出，而且会配合得严谨、默契。而戏校的学员必须看着谱子练习，必须经过与乐队排练才能上台演唱，所以他们没有掌握到民间皮影戏口传心授那种非物质文化遗产的精髓。"

本章小结

冀东一带皮影戏的传统技艺涵盖着许多内容，其中包括唱腔念白、操纵表演、四弦伴奏、雕刻工艺等几个方面。当地人不说"看影"，而是称为"听影"，足以说明观众所欣赏的重点是在念白和唱腔上。驴皮影戏有自己独具风格的声腔体系，不与其他剧种同腔共韵，而且素以唱腔婉转动听、乡土韵味浓郁著称。其早期的唱腔音乐旋律简单、尾音平板、节奏缓慢，旧传有九腔十八调，后来逐渐吸收当地民歌、俚曲及其他曲种、剧种的牌子曲，才形成了调口优美、板式丰富的方音唱腔。

当地皮影戏在演唱中有一个重要的特征，就是演员用手指掐捏着喉头部位，用浓郁的乡音拖韵进行演唱。据说是一位叫郭老天的艺人，因为坏了嗓子，便试着用手指掐捏嗓子以控制声带，逐渐创出一种委婉细腻、韵味优美的假音腔，由于这种音腔很受群众喜爱，这种演唱方法也就普遍流行起来了。

其演唱的另一重要特征是闪板起唱，这是其他剧种演唱时所不多见的。影戏声腔的调式基本分为宫调式和商调式两大类，影戏艺人称之为小嗓和大嗓唱腔，分别用于生、小、净、大、髯、丑等各类角色。常用声腔包括：平调、悲调、花调、侉调、梦调、游阴调、还阳调、凄凉调、诵经调、路途悲、哭迷子等。

近代著名演唱艺人有"影戏大王"张绳武、"簧腔创始人"李秀、"影戏泰斗"齐怀、"影戏界的梅兰芳"高荣杰，以及周文友、李紫兰、韩增、苗幼之、张茂兰、孙品卿、陈奎章、武义山等，旧影戏班中没有女演员，小旦角色均由男演员配唱。

齐永衡在社会上影响比较大的是皮影操纵技艺，但许多人都不知道他的丑角唱腔还属于一绝呢。他在皮影演唱时，常常会随口增加一些影卷上没有的唱词，人们会被他的幽默风趣逗得开怀大笑，当然这也是一位丑角演员必须要做到的事情。像《鹤童》里面丑官所唱的："哎呀，我的亲娘祖奶奶，你咋这么俊呢，活活的把我都给俊死啦。"每次演出都会赢得满场的笑声。

本章所记述的影戏技艺，都是齐永衡对传统技艺的理解和从事皮影艺术的切身体会，也正是因为他有着丰厚而坚实的传统功力，才产生了以后在继承基础上的创造。

≫ 花架香炉

注 释

[1] 官巾指的是影人的身份。
[2] "壳子"指的是逐渐形成的固定演出模式。
[3] "楔班"指的是演员需要在影戏班里长时间搭伙计磨炼。
[4] 络堂指的是步下武打影人的服装,疙瘩帽子指的是软罗帽。

第六章

操纵技艺之路

本章综述

采 访 人：魏力群
口 述 人：齐永衡
采访时间：2006年8月23日
采访地点：唐山市路北区机场路南楼五号楼
　　　　　齐永衡家里
在场的其他人：齐永衡妻子

　　本章的主要内容侧重于齐永衡先生皮影操纵表演技艺的继承与创新问题。

　　正是由于时代的发展、剧目的更新、观众群的改变，传统的皮影戏从以唱腔为主，演变为以操纵表演为主的艺术，这就迫使皮影戏的剧目、表演形式、操纵技艺必须进行改革与创新。继承、博采与创造是齐永衡先生皮影艺术生涯的重点内容，也是齐先生口述的浓墨重彩之处。

　　自建国初期，随着皮影造型体制的变大，操纵的难度也加大了，齐永衡不仅在传统皮影的表演中，改革了舞刀弄枪的表演方法，还让马匹的表演可以四蹄迈步，并创造了影人"挥舞水袖"、"倒踢紫金冠"、"双枪打出手"、"影人飞动上天"等新的表演程式。他在皮影操纵中强调人物感情的抒发，使得毫无表情变化的皮影人靠形体来表现喜怒哀乐。同时，他对皮影动物戏表演也进行了许多创造。

　　这些皮影表演的新创造，都离不开重要的传统基础，离不开他的勤奋思考，来自于他认真向生活学习，更得益于他广泛吸收借鉴京剧、河北梆子、评剧等姊妹艺术之诸多因素，这样才成就了当代皮影表演的"箭杆王"。

魏：传统皮影的操纵技艺是很难掌握的，年轻人对传统的东西了解得少了。请您谈谈传统皮影的操纵技巧主要有哪些方面？

齐：谈到皮影的操纵问题，首先是影人的尺寸问题，影人的尺寸不同，操纵杆也就不同，手法自然也不同。影人它的杆有多长，影人展开的弧度有多大，操纵时手的弧度就要有多大。过去的影人比较小，手里拿着操纵杆就是大把攥，没有分节奏，做出来比较粗糙，有的小细微的地方出不来。

我们用的影人从七八寸发展到一尺二、一尺半、二尺，尺度变化了，影人的胳膊长了，活动范围也大了，操纵杆也放长了，原来手指拿杆大把攥就不适应了。需要用拇指和食指攥住一个杆，中指、无名指、小指夹住另一根杆，这样展开的弧度也大了一些，动作的力度也能表达出来了。后来影人发展到

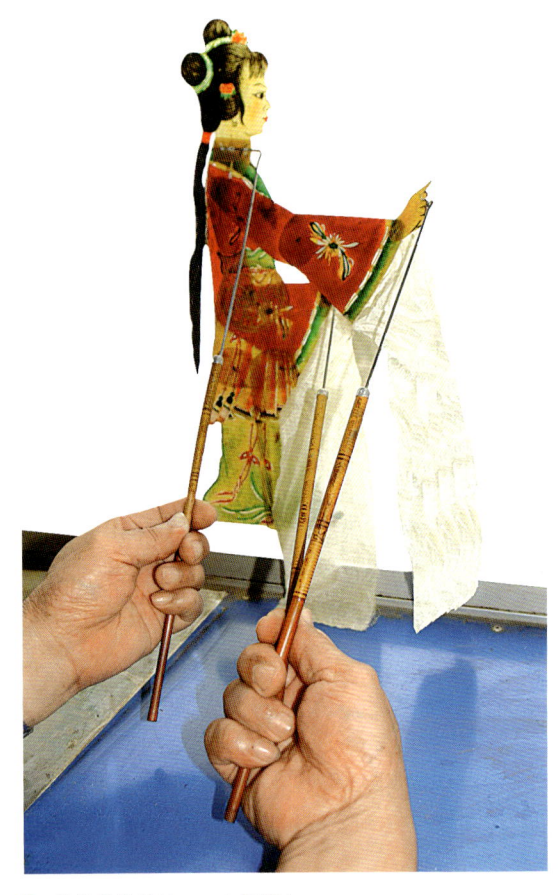

> 传统操纵手法——大把攥 1

二尺半甚至三尺，操纵杆的手指就又发生了变化，主要是把展开的弧度放大。

从新中国建立以到现在，唐山皮影的尺寸有两三次的变动了，那么操纵手法也肯定随着发生改革变化，无论咋变化，操纵的基本功是必须要坚持的。演员手上如果没有基本功的话，不沉重、不稳重，表演影人的形象就不好看了。我在操纵过程中，如果有人冷不丁地从我的手里往外拔这个杆儿，他就拔不出去，说明我握杆握得紧，幼年练的功比较扎实。由于操纵的功力都用在手指上，操纵时间长了，我这个手指肚常常勒出很大的沟，都是为了把握人物手杆

> 传统操纵手法——大把攥 2

▷ 传统操纵手法——分秆1

的稳定性。

影人一般都是三根操纵秆,其中影人脖子上安的一根铁条叫主秆,影人两只手上各安一根铁条叫手秆,也称副秆。

主秆就好像船上的舵一样,主要是掌握影人的平衡和身子活动的,比如影人的前进、后退、卧倒、起来、跳、坐、翻、爬等动作都要靠主秆来表现。操纵演员用一只手掌握主秆,必须用五指并拢满攥,要求握得牢固,掐得有力,但舞动起来却像一根鸡毛那样轻巧。要使影人保持平衡、不倒不斜、动作准确、形象真实、活动灵巧。俗话说"握如千钧,动似鸿毛"就是这个道理。

影人的两根手秆由另一只手操纵,拇指和食指夹住一根秆子为第一组,中指、无名指、小指夹住另一根杆子为第二组。两组的手指要密切配合,互相协作。要求稳、准、灵、活,要达到随心所欲、运用自如的程度。因为影人一切情感活动的表现主要是靠手势动作来表现,所以手秆在操纵上占的位置很重要。一般主秆稳定了,那就全凭两支手秆表演出影人的形态和感情。

影人在武打的时候,除了支配影人的主秆和手秆,还要加坐骑、兵器、马鞭等杆子,演员一只手里有时多到六七根秆。有时一个人要操纵4个影人,4个影人要同时做转身、对脸、翻跳、奔腾等动作,那么演员两只手要挥舞12根杆子,没有基本功的话那是绝对不行的。

魏:皮影操纵的基本功应该怎样练呢?

齐:凡是搞皮影操纵的都是从小开始练功,要掌握一定的技巧,这叫做童子功。如果演员年龄大了,手指关节不灵活,再开始练就会手不应心,不容

▷ 传统操纵手法——分秆2

101

易练好。练基本功时，5个手指分成4组，每组夹一根杆子反复锻炼，一张一合，由慢到快，张开跨度要大，合拢速度要快。跨度大，各种动作都能够做得出来；速度快，能锻炼手指灵活，指挥手杆得心应手。一般来说要求两根手杆达到："杆子看不见，捻时团团转，张开像把扇，合时似闪电"的程度，才算基本合格，当然操纵功夫是无止境的。

观众对皮影戏有这么一句话："一口叙述千古事，双手挥舞百万兵。"这就是对操纵人员技艺精益求精的要求。搞操纵的人必须苦练基本功，没有过硬的基本功就驾驭不了影人。

常用的操纵手法包括攥杆、握杆、捻杆、分杆这么几种，攥杆即常说的几支操纵杆大把攥，握杆就是握紧主操纵杆，分杆就是用手指分开影人的两手操作杆，捻杆是手指捻动操纵杆。

▶ 操纵手法——捻杆

魏：我发现您表演影人一些小动作都非常细腻，这是否是捻杆起的作用？

齐：我很注重研究这种指功，就是用手指捻杆，用拇指、食指、中指一起捻动这个箭杆，捻动这个杆就可以做出比较细致的动作，微小的地方得表达出来。比如要大刀的时候，操纵支两副杆，拇指和食指夹住一支，用无名指、中指、小指夹住一支，这个手有一个捻杆，另一个手用腕子活动，腕子转过去以后用手指这么一捻，刀花儿在窗户上一转，回来一动又弄出一个刀花儿，使人眼花缭乱的。看着手里的刀飞舞，都是利用捻杆。

除了手指上的功夫，再就是腕上的基本功，这个腕掌握的要准，这个腕不能过劲儿，也不能没劲儿了，掌握一个火候。例如传统的马腿动起来比较死，当影人在马上，主杆与马桩子合并一起，马跑起来始终要求平，不平不稳就不好看了，归根一点是基本功。

现在我把影人马的各个关节弄得比较活。各个关节都有线，都钩在手指上，腕子扣着拿住主杆，用腕子把马支撑住了，不晃动了，但马的腿都可以迈动了，这是迈动的基本功问题。操纵马的主杆就需要腕子功，一般操纵影人都是手腕往上翻，而操纵骑马则是手腕往下翻才能拿沉稳了，手指还要扣着几个弦，把握准了一步一步，要让影人骑马走路时踏实有力。

≫ 马匹四蹄迈步动作的操纵

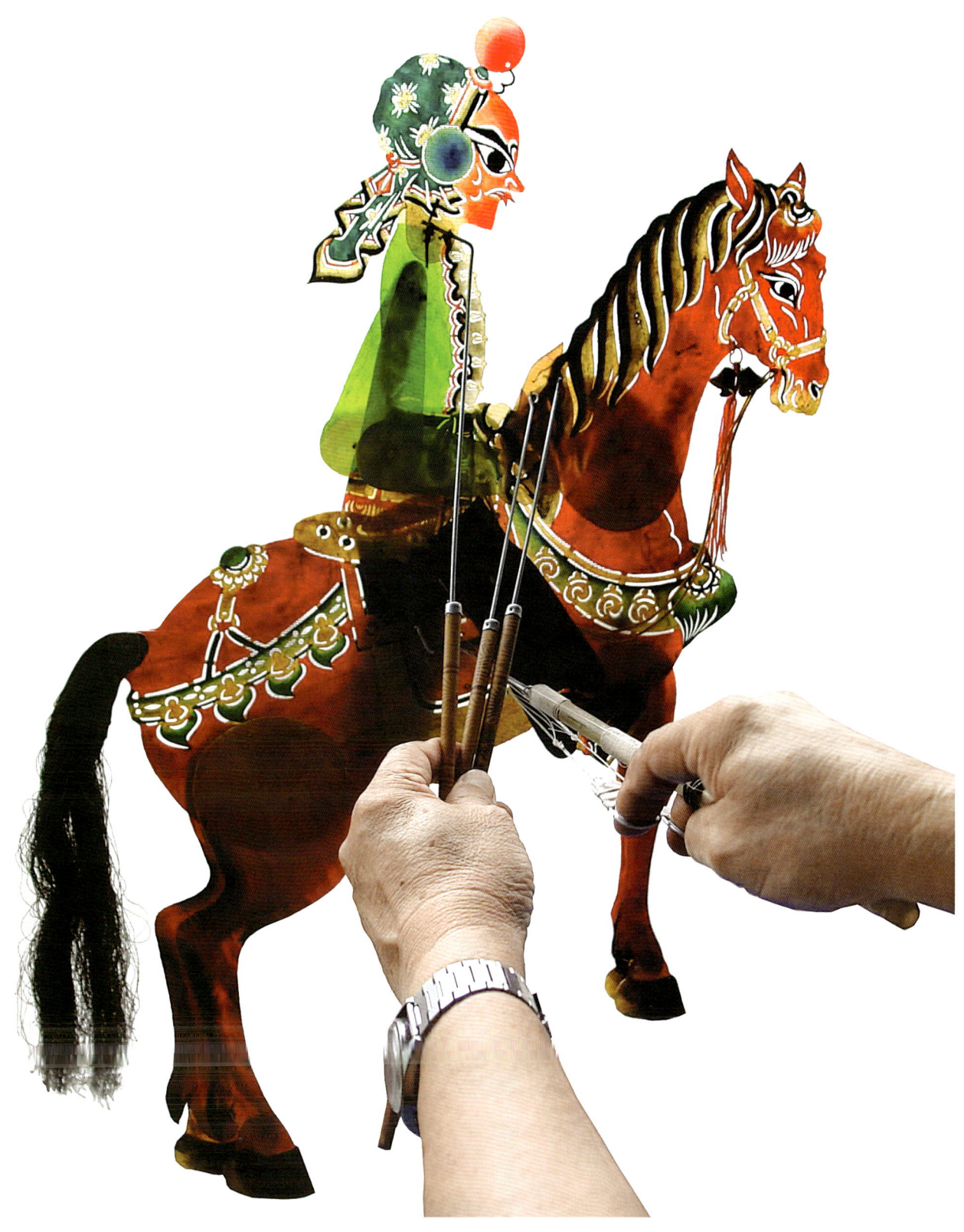

第六章 操纵技艺之路

魏：表演皮影戏武打的技巧主要在哪里？

齐：皮影戏在操纵上有一些传统特技，如影人的武打、抢马、换装、梳头、大劈等。其中尤以武打动作最复杂，难度也比较大。要求操纵人员必须手疾眼快、动作准确、快而不乱、精中见彩。人物一上场，一般要先溜腿，这相当于戏曲里的走圆场，然后挽袖、束带、踢带、劈叉、翻身。这几个动作要求做到准确、利落、整齐。然后再抽兵刃，让兵刃随着影人前后挥舞、上下翻飞，耍出各式各样招数。与此同时另一根主秆配合手秆，使影人做出翻身、弯腰、跳跃、劈叉等动作。最后影人把兵刃扔向高空，返身单手接住，收招亮相。这几个动作是由两手操纵秆来回调动、五指配合才能做到的。

表演影人的长枪武打，还分马上、步下两大类，它们的操纵手法基本相同。枪身有两根秆，正秆是掌握枪身平衡的，副秆是使长枪在人物手中来回活动的，舞起来时，正秆交与手秆的第一组，副秆交手秆的第二组，两组手指一张一合，长枪随着手秆来回活动。这时演员一只手要操纵四根秆，五指都要同时工作。操纵主秆的那一只手，也要让影人随着枪上下翻跳，前进、后退做出各种动作。

表演影人的棍、棒，需要手秆的一两组秆子要时常调换位置，交替操纵。效果好坏，手指灵活是重要关键。用拇指和食指捻动着，使棍、棒团团混转，前后挥舞。

表演影人的马上战斗，操纵兵器的方法与上边谈的大致相同，只不过多一根坐骑的秆子。这根秆子要由操纵主秆的中指、无名指、小指牢牢夹住，掌握平衡，高低适度。

一般地说，只要练好武打的基本功，其他的特技，如抢马、大劈、梳头、换装等也就都能够演好。

魏：影戏中不同人物，您有不同的表演方法和一些口诀，请详细讲解一下吧。

齐：的确，不同的影人拿秆的方法也不一样，一般拿文戏要柔、拿武戏要硬一点。我们在操纵表演中也总结出操纵影人的不同口诀：

"武旦上场身一扭，彩旦上场身摇晃，花旦上场手掐腰，青衣上场两手交，小旦上场目下瞧。"

武旦也称刀马旦，如穆桂英、梁红玉等，这些人物出场时，那就要"走路风摆柳，亮相身一扭，单脚一抬回身走，头部上扬双袖抖"。所谓风摆柳是表现体态轻盈的妇女形象，走到幕中间快速转身一个亮相，然后单脚一起一落返身奔向座位，动作要大、要快，这样表示威风凛凛的豪迈气概。但不要过火，因为她是妇女，动作超越限度就会失真，要掌握住分寸。

一般的妇女动作，如青衣（也叫正旦）"身稳臂摇两手交"，是影人双手晃起来作交叉形状。"少女步小目下瞧"是要影人迈的步很小，眼睛往下看，表示羞涩、稳重。

"彩旦身乱晃"是指走起路来身体抖动，表示轻佻、诙谐。"花旦手掐腰"是影人双手掐着腰一步一挪，表示袅娜多姿、风流潇洒。

▷ 皮影表演——"少女步小目下瞧"

影戏箭秆王 第六章 操纵技艺之路

≫ 皮影表演——"花旦上场手掐腰"

> 皮影表演——凶恶武生的架势

大奸脸人物，在皮影戏中也称老座子，如曹操、赵高等人，他们的动作：出场要冲，举步要重，整冠理须，抖袖挺腰，这些动作表示威势显赫，又阴沉、奸诈。

表现武生动作是举止如山重，走路像风扫，表示威武、雄壮的气势和豪迈的性格；而文生的动作：走路稳稳当当，步子迈得慢而沉稳。

表演老年人的时候，要躬腰驼背。

表演小孩就要蹦蹦跳跳。

表现得意之人，要挺胸鼓肚，手舞足蹈。

表现失意之人，则垂头丧气，缩手缩脚。

表现轻薄之人，就浑身抖动，摇头晃脑。

表现奴才的劲头：卑躬屈膝，点头哈腰。

▷ 皮影表演——小生人物的动作

在表现人物的思想情绪和内心活动时，也根据不同情况，有着特定的表现方法：

表现欢乐时，妇女须用袖掩口，头部微微抖动。男子欢乐就拍手合掌、捧腹、扬头。

表现悲哀时，妇女要低头擦泪、甩袖、摇头，而男子是用袖子掩面、用手指弹泪。

表现愤怒时，挺胸仰面，顿足拂袖，动作需要大而快。

表现惊恐时，头部快扬、双手抬起，身体抖动徐徐退步。

表现思虑时，需以手点额，来回蹀步，动作要慢。

表现忧愁焦虑时，默默低头，频频甩袖，时而挠头，时而搓手。

≫ 皮影表演——老年人躬腰驼背（魏力群拍摄）

> 表演皮影猴子眼睛动作

　　以上谈的都是表演规律方面的问题，光有这些还是不够的，还需要演员在传统的基础上有所创造，也不能总是老的套路。除了有基本功还需要有悟性，比如以前皮影戏中没有耍棒子的套路，我就研究吸收戏曲舞台上猴王的表演，再把影人耍大刀的时候用腕子耍的花借鉴过来，所以我耍个棒子和别人不一样，把棒子拿出来以后，踢、打、转，手拿棍子耍出花，棍子往不同的方向转，让观众觉得很热闹，觉得眼花缭乱。

魏：您的皮影操纵在拴线方面有什么技巧吗？

　　齐：例如过去的马腿是晃悠着走的，现在加了线以后，马腿就可以随着表演节奏交替迈步，马尾巴可以挺起来。牵线还可以使猪八戒的嘴动、眼动、耳朵动，即所谓活眼睛、活下巴。还有猴子吃桃子，嘴往这里来的时候，绳子一抻，桃子就被咬去了一口，这些主要都是靠拴线来控制的。

魏：影戏中传统的火彩和水灯是怎样用的？

　　齐：皮影戏中火彩，过去的方法是用大麻秆烧成炭，再碾成细末用箩箩一下，然后把细面用火纸（又叫烧纸）卷成手指粗的卷，点燃之后燃烧很慢，也不冒烟，在演出时用嘴一吹便会满窗火彩。演出效果是好看，但是太脏，演员总是弄得满脸黑灰。此外，早期表演影窗上水的场面，就是用雕刻的水景片子，建国以后逐渐把水景片子改成了水灯箱，才有了波浪翻滚的动态水景了。

魏：大家称赞您是当代的"箭秆王"，那就请谈谈您在皮影操纵方面的主要创造吧。

　　齐：在我很小的时候，许多皮影老艺人一集合就都到我家，这些老艺人就在我心里留下了影子，再加上我爱好这东西，看着一些影人动作，还得琢磨这是干啥的呢？过去影人这么一压腿，都这么来的，老人讲，这是正冠叫梳带。因为小时候我不知道正冠是干啥呢，我就想：如果我不知道是干啥的，观众就更不知道是咋回事了，所以光学个表面程式还不中，还需要理解才行。这些老艺人，无论是我的老师也好，不是我的老师也好，看他们的表演哪个地方好，我就认真学习、请教，我是取众家之长，慢慢影响过来的。

≫ 年轻时的皮影表演大师齐永衡

≫ 影人从七寸到二尺半的变化（魏力群收藏）

> 传统皮影戏《二堂献杯》的场面造型（魏力群收藏）

魏：你们在宋家楼唱影的时候是谁拿影？

齐：那时是我拿影，整个这一出戏，就是一部卷啊，一演就演一个来月，从头至尾，戏里的人物啥时候是长胡子、啥时候是小胡子、啥时候没胡子，搞操纵的都得掌握住。过去老演员，一般在吃完后响饭以后，就把影人都挑好了。我年轻的时候记忆力也强，整理影包相当利索，我把几个影人包都搁好了，影戏一边唱着，我一边归置影包、一边挑选人，每一段演完以后，也知道哪个还用，哪个不用，头茬一摘，往包里一归，戏演完了我把包也归完了。

皮影戏表演有点是即兴演出，但也有表演的规律。我总结出几点：一个是花旦，基本上路子都是一路子，但是从不同的节目出来的人物，我则用不同的表演。梁红玉使的什么刀马，穆桂英使什么样的大刀，什么情绪用什么样的动作等等，群众就喜欢，到时候还叫好，我总结了小旦、花旦、小生，不同人物的不同拿法。比如《刘瑞莲救驾》骑马出场，固定是前面四个兵卒，四个软罗帽也好，硬罗帽也好，背巾子也好，后边再有四个骑马的，最后边一个打旗的。不管是梁红玉发兵，还是穆桂英发兵，只要是遇到这个场面的时候，你就这样出吧，影人搁哪儿观众都喜欢，他打鼓的也知道怎么打，这都是固定的东西。

开始我也想搞新东西的时候，不仅观众，就连那些老演员也都摇头，都不赞成搞。当然我那时岁数小，他们都是我的叔叔、大爷，咱们也不能说别的不是。那时候支持我搞动物影戏的，只有搞美工的居尚、田世民、肖福成他们几个人，以后还有搞灯光的孙伟也支持我，于是我总是慢慢地把原有的东西进行了改革。

1955年的时候，全国大搞皮影改革之风，原来我们也不知道别的省也有皮影，全国一会演不是嘛，才知道各省都有，而且模样不一样，咱们就取人之长、补己之短向人家学习吧。自从皮影进出入城市演出，观众增多了，观众多而影人那么小，后边的观众就看不见，所以，影人从七寸、八寸，逐渐放大到一尺二、一尺五、一尺八，到了70年代，放到了二尺半。影幕也由原来六尺长，改成一丈八尺长。灯光由原来的棉花捻煤油灯，改成了汽灯，后又改为4个40瓦的管灯，使影人更加清晰生动，直观性强。这也就促使我在皮影的操纵上狠下工夫，这就是说啊，我是取众之长，哪好我就学来，慢慢的我的艺术就到这个程度了。

我那时候表演的手法、表现的动作跟别人不一样，观众对我有很好的印象，而且已经给我一个命名叫"小箭秆王"，也算小有名气了。后来由于我不断地跟老艺人在一块切磋学习，再加上我的主观努力，就不断的改革，我的艺术好像就比以前有点进步了。

当专署把我从昌黎县影社调到专区剧团以后，咱看到那些老演员的确比较不错，人家的念字也好、唱影也好都很有功力，表演感情也非常丰富，甚至道白都非常沉重。我当时年轻，自己心里始终有这么一个想法，那就是："宁给好汉牵马坠凳，不给赖汉子当祖宗。"我到了专区影社，跟着这些老艺人们又提高了一大块。比如说你看到过的《二堂献杯》[2]，你看唱"髯儿"的陈奎章，表演田云山跟夫人说那个："啊，夫人，夫人，嗨……"（做甩袖的动作），这个动作过去都没有来着，通过人家这个唱念，自然而然把你的操纵就带动到那去了，所以说从1957年开始到20世纪60年代初这段时间，我的操纵技巧有了一个很大的飞跃。

魏：那个时候您多大了？

齐：那个时候我也就二十几岁吧。通过跟专区团这些人一搭伙计，使我的艺术增长得很快。

过去演出影人骑马的过场，一般都是这样拿（比划操纵），平平淡淡下去的，那时刘福田给我贴影呢，他比我大呀，我说：大哥你拿影人得跑快点，这时剧中人物在唱："上天我杀到他灵霄殿，入地啊，哼哼，我也把土剜……"。你看见过那个戏啊，当时我拿着影人在后面就追、追、追，等他跑过去以后，这回我再上，跑过去以后，再上，越来越近、越来越近，赶到马头并马尾、一刀砍倒地平川，"啪"砍下来了。高荣杰在演唱这段的时候会往上翻两个调，就是连续递增两个高调，而我拿的马就这样颤抖着跑啊、追啊。这时上边观众突然叫"好"！这时候我一直拿着影人走呢，高荣杰也疑惑：是咋回事？叫"倒好"？人家高荣杰是老演员了，这些年也没见着过倒好啊。这就是我们俩影人操纵的动作与唱腔的严谨配合，应该叫珠联璧合。观众看着我的马跑去追的那个劲头呀，原来都没看见过那样的表演。等演完以后，高荣杰高兴地说："永衡呀，我寻思着给我叫倒好呢。"我说："叔啊，我寻思着给我叫倒好呢。"

≫ 马 车

　　1957年的时候，咱们唐山专区影社有两个影社，就是在唐山的一社和当时还在昌黎的专区二社。唐山的一社，就是原来的天光影社，那挺了不起的、挺硬的，有苏旭、马玉喜、吴瑞林、李秀这拨人。我们是二社，当时随着专署在昌黎呢，1958年我们才都搬到唐山的。

　　1957年是咱们二社第一次进唐山市演出，那时专区一社和二社是一码事，拿影的是位老人叫刘什么成，他们说：这样吧，让永衡去几天吧，把我从二社临时就借到这边了，演的是《岳飞传》。剧情中有岳飞在考场没得中，跑着要走，他的老师周桐骑在马上追他，那是李秀唱的高腔啊，他的唱腔有点接近戏剧的东西，（学唱，同时做操纵动作）我拿着影人骑着马这么一走，下边的好"哇哇"的上去了。我就是摸索着人物在追赶时的心情和马的动作应该是什么样的，再听观众的反应，我就是这么体会着人物情感来做操纵表演的。

⊙ 传统皮影戏《刀劈几将》（椰内甘收藏）

115

第六章 操纵技艺之路

还是在1957年，当时专署所在地是昌黎的时候，专署搞第二届唐山专区皮影比赛，高荣杰我们这边演的是《白蛇传》，李秀他们那拨演的是《火焰山》，张凤阁他们去时演的是《五锋会》。那时候俩社都是我拿影，排演《火焰山》的时候，传统的影子马就那么一个秆，它也不能走步，咋弄啊？演员嗓子挺好，咱们操纵也应该琢磨点新东西，我和居尚商量着弄活马，让它会走了。居尚、田世民他们就反复琢磨整，结果把活马腿研究成功了，皮影演出的时候群众反响非常好，就是唐僧骑着那活腿的白龙马呀，整个走几过场就会叫几场好，啥时候不走了，掌声才就停了。

虽然影人骑的马是活腿了，可以后总是这样演，走着走着味道不那么浓了，这回我就琢磨着再改革。按影人表演的老讲究，表演骑马人物是不能乱动的，得在马上稳坐。可我琢磨这人在马上受这个马的颠簸，没有不动的，我就把唐僧坐在马上的动作，加上了颤颤巍巍的动作了，这样一表演，下边观众这个叫好比原先还多呀。我就是慢慢的、这么一点一点改革过来的。

我过去打过鼓板，能够分开手了，操纵这个马是双节奏的，人在马上骑是单节奏的，上下动操纵秆，俩手的动作不是一样的，就这么样走马过场，看着就非常形象，观众那就叫好声不断啊。

当时咱们昌黎组织部，还是宣传部，有个叫边清泉的，他曾经给我做过报导，说我表演的那个马蹄也是活的，马走过场的时候能够翻蹄亮掌的，（做影人骑马走的动作），走多长时间，下边的好声就有多长，连续不断。

魏：如果皮影不改革、不出新，也就会逐渐失去观众。

齐：皮影戏传统技艺挺丰富的，但咱们净指着唱不行，在我脑子里就一种改革的念头，操纵必须得改革！不论是动物戏也好，人物戏也好，都得改革才会有生命力。

1957年，我们那时弄了个《红色卫星闹天宫》的戏，只听说卫星上天怎么怎么的，还有星球什么的，但是卫星咱也没看见过呀。我就跟居尚、田世民他们说："你们给我刻个半圆的地球造型吧，影窗户一丈二，你就照着八尺或者一丈的尺寸做，再用马粪纸，刻上经纬线。"居尚说："卫星啥样啊？咱也没看见过。"我说："你想个办法。"他就做了一个火箭头似的东西，后边有个小尾巴，居尚他们整的形象漂亮着呢。又考虑影窗上没什么色彩，我想到过年时卖的那个"哧喽花"（小烟花），那是卷着一根一根的嘛，我就事先把它绑在那卫星造型的尾巴上。

演出开始，大幕拉开以后，这个窗户是黑色的，不给光，我把电池灯做的卫星给点燃上"哧喽花"，卫星借着"哧喽花"的光，在有经纬线的地球上面走着，看着又真实又不真实，下边观众看着真好，伴奏的李雅章当时也不会给卫星奏曲，不会拉别的，就拉四弦过门。随着表演卫星变成人物上场亮相，我让影人随着锣鼓点突然一个溜腿、往下一下大叉，观众那个好就上来了。反正观众都知道是我拿影，就是弄得不好，也会给整那个掌声的。

> 齐永清在 2005 年唐山国际皮影艺术节上表演唐僧骑马迈步

当时昌黎县不有一个评剧团吗，有个演"黑头"的叫白世俊，这个人你可能看见过，他比我大呀，他总去看我们演出。白世俊他在下边看来着，看完以后他说："兄弟，你这个式好！"我说："咋好啊？""大叉下得好啊！"我说："啥叫大叉啊？"那时候我也不懂戏剧里的这个名词，他说："就是一个'抬腿、亮相、下叉'。"观众喜欢真实性的东西，这样一动，他看出是啥玩意了。他们在戏剧舞台上的时候，一下叉准是一个好，我们的皮影人再下多少个叉它也能下，就是一个影人呗，所以我就把这个经常用在皮影戏里。钱俊声是当时打鼓的，他一点就透。我说：这回我慢着点、你嗔着点，"嗒得仓"，下面就给叫好。我看过评剧团演的那个武生，出来的时候腰挂大带呀，我就给皮影"绺堂"做一个大带，脚上带着签子，就这样一踢，和大戏舞台上一样啊，观众就叫好啊，说这是皮影划时代的创新。

> 1957 年，齐永衡与丁振耀、田世民等人在"五四"青年节合影（田世民提供）

第二场是月宫,他们用马粪纸给我刻了一个圆的月宫,挺大个,两边是蓝色玻璃纸,在当中给的灯光,这个圆纸圈扣在灯光上,周遍余光就是蓝色的背景。打开大幕以后就看到一个月亮,小兔子在捣药,嫦娥趴在栏杆上往下看着。演到这个时候,演员都张不开嘴了,因为台下叫好声"哗……"不停,那掌声一直不断,演员连道白都没有法说了。

魏:这个我倒是也看过,我还记得你们演的《钢铁元帅升帐》,是一个大锅炉造型的人物,还有工、农、兵、学、商上场来封"钢铁"挂帅什么的。

▷ 传统皮影戏《牛郎织女》"织女思凡"一场(冀东民俗博物馆提供)

齐:是,是,我们还把那个大锅炉底下弄的冒火。

魏:有一次我把这《钢铁元帅升帐》的剧本找着了,找着以后我就想起来了,当年就看过这个影,我记得影人穿的一身衣服像个锅炉,黑脸的,还能走,1958年"大跃进"嘛。

齐：那个时候我就希望改革呀，到了1960年参加中央会演的时候，排的《牛郎织女》，开始的时候不是有个天河洗澡[3]嘛，以后做一个水灯在案子上，这也是跟黑龙江学来的，但我们拿影人时，一个是水灯烤得慌，二是签子都露出影来了。我就琢磨这个搁外头中不中？老艺人张绳武讲话咧："玻璃窗户铜影人——净瞎想！"说我那是异想天开。可我就想：为啥不能搁外边去呢？开始摆一个织女织布的彩霞宫，织女手扶着栏杆，观看凡间，开始挺简单，没有灯光配啊，最后搁水灯从外边一弄，忽悠悠的还挺好看。这次孙伟做了一个大的槽子，里面放了两个电转，刻上云板，看上去真是烟云滚滚的往上翻。大幕拉开以后，那个叫好啊！观众都非常承认，以后还把布景也放在影窗户外边了呢。

▷ 传统皮影戏《牛郎织女》"天河沐浴"一场

织女在天河洗澡的时候，居然把衣服脱了最后变成裸体，这个以前可没见过，也不敢想象。那时候衣服是用皮子做的，一节一节的，都能活动，卡在人身上，这样一褪不就像脱衣服了嘛。这些传统的东西好多人都没有看见过。

我感觉要不继承传统啊，戏路就会歪，继承是个基础，没这个基础不行，为什么一般的拿影的拿不过

影戏箭秆王　第六章 操纵技艺之路

我呢，我小的时候受这些前辈、老先生的教导，学好了传统程式的表演，才能有创新的基础，同时还必须博采众长。

在北京咱们和湖南剧团的同场演出过，也和哈尔滨的同台演出过，一同慰问中直的领导和企业单位。通过这些重大活动演出，经常跟专家们在一块啊，的确使自己的脑子非常开朗。专家们讲什么斯坦尼体系[4]吧，主要就是讲如何处理人物、刻画人物吧，我从中就受益很多。

魏：您改变传统的操纵方法是从什么时候？

齐：最早的时候演《社长的女儿》，那是1964年的戏。演《社长的女儿》的时候，那时候唱"小儿"

≫ 现代皮影戏《红灯记》（唐山市博物馆展览图片）

的演员忒多了，剧中的影人一个人拿不过来。一般的演员常闲着没有事情，我就对赵连江说：你学学贴影吧，演《社长的女儿》，穿着裙子还有个动作，我一个人拿不了，你给我拿着来，就是我们俩人耍一个。开始我们是两种思想弄不到一块，还有个节奏呢，慢慢地配合，逐渐就弄得挺形象、挺好看了。从这开始，影戏表演就开始俩人拿一个影人了，以后又逐渐发展为多人的操纵。

在"文化大革命"前一两年，我们准备去越南演出皮影戏《南方怒火》，越南那些人物造型的领子是西服式的。那时候我们的影人还是脖口上有一个箍，影人头插进去那种样式呢，结果脖子上一大团黑，特别不好看。我建议说：反正就是演这一出影，影人都是专用的嘛，影人脑袋不用插的方法，直接钉上可以了，包括脖条也钉上头！但钉死的不中，这个都得活的。传统的影人脖子越钉死了越好使，这个脖子是个活的，你手把不住那个劲，又现练的一功啊。

演这个以后，就感觉这个挺好啊，影人的脖子活分，可以抬头。我们以后演样板戏皮影了，钉影人更是一个影人一个头茬了，钉成以后这个效果挺好。

样板戏的好坏咱不说，样板戏的政治色彩咱不谈，但人家排的是非常得精、非常得好啊，十年磨一戏嘛。那时候我们皮影如果不演样板戏的话，也早就给解散了。我们开始演的样板戏有《磐石湾》、《红灯记》，以后演的《打虎上山》，都是照着京剧样板戏那个模式来的。(唱影戏调)"愿红旗五洲四海齐招展…"手里拿着马鞭儿，手里直转，这个效果真敢说可以跟舞台上那个样板戏比。

我受样板戏的影响改革了操作，因为影人变大了，需要俩演员拿一个影人、仁人拿一个影人。而如何使影人形象化，如何用皮影树立这个英雄人物，如何贬低反面人物，我们也确实动了一番脑筋呢。

你比如说拿杨子荣上场，这个腿的动作，原来不起范，一个影人咋起范儿呀？我们排这个戏的时候，从唐剧那边来个打板鼓的叫孙占华，结果和我们一打鼓的时候，他不知道从哪儿放、从哪儿撂，他说："你给我范儿呀"。我说："啥叫范儿呀？""就是给一个大一点的动作。""哦，好！"所以说杨子荣这个动作，脑袋也活分了，手也可以扬上去了，腿也上去了，看见了老虎，做个动作一翻，啪啪！一枪准打上，就是打到鼓点上啊，显着效果更好了。

魏：还有一个现代戏《红云岗》，您对人物心理刻画的表演也很令人折服，包括

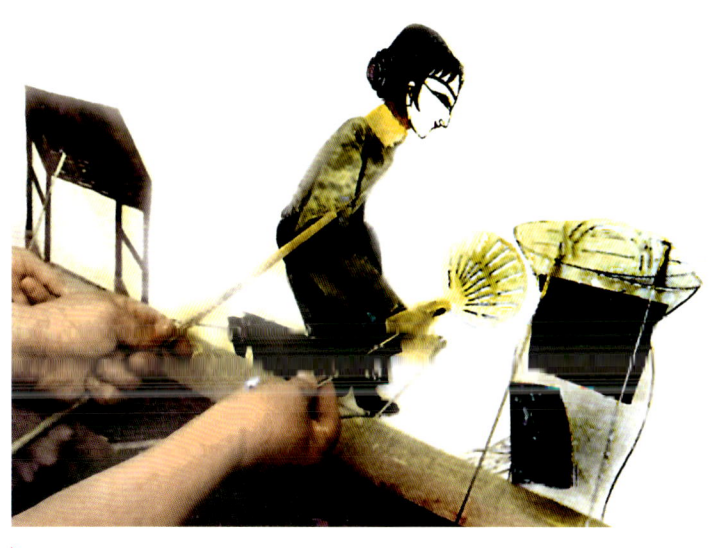

▶ 现代皮影戏《红云岗》（冀东民俗博物馆提供）

你的弟子都说:"齐老师演的那个英嫂烧火做饭、熬鸡汤、洗衣服,还把围巾撩起来擦擦腮,那动作表演的特别好,简直是比真人做得还好。

齐:那是1975年的时候,开始排演《红云岗》,京剧叫《红嫂》。这个皮影节目相当不错,表演的是在战争年代,英嫂救了一个解放军。

为解放军烧火做饭、熬鸡汤的时候,炉子点着火,小锅里咕噜咕噜冒热气,小扇子扇着,一点一点就扑锅了,盖儿起来了,她拿小勺尝一点,味儿挺好,再把锅端下来倒到碗里,一直冒热气,非常细腻。

因为当时那个环境非常残酷啊,她丈夫胆小怕事,也是反对她这样做的。她心里头时时刻刻都提心吊胆的,偷着做这个事。她是一个贫农的女儿,她对共产党的心情,对解放军的心情,对丈夫的心情,对当时环境的这种心情,正在唱腔里做表达的时候,刚要划火柴点燃炉火,这时外边"嘭嘭嘭"敲门,这要是舞台演员表演的话,就"谁?""我!""哦,赵大娘啊。"皮影人没有表情变化,突然外面一敲门,咱们影人怎么办呢?先做害怕的动作,问:"谁?""我!""哦",再做掩胸压惊的动作,我的皮影就能反映出她内在的心情来,就是靠皮影的形体动作,我专门研究了一套皮影人物抒发感情的东西啊。

除了人物表演的改革,还有布景道具的改革。我总想着把布景搞得更好些,也弄过许多次,许多也是失败的。那时唐山话剧团有一个搞美术的,他对皮影的改革发展是非常支持的,我就跟他说了我的想法,想吸取戏曲舞台的表现,我们正好演的是《龙江颂》,最后有一场葵花的景,就是向人家学习借鉴了舞台布景的方法。景片是在旧影窗上画的,当时画的时候,还不知道成功不成功,当弄到影戏上来,挂那一看,哎呀,看着这个干净,效果非常好。以后又排的《磐石湾》,也就是《南海长城》,也采用了挂外景片的做法。这回买来渔线织的网子,渔线很细,挂上去就看不见网格了,画景是用很轻很软的什么纱,画上以后粘在网子上。

再以后就又开始排演古典剧目了,这时候属于改革开放时期了,再排演古典剧目也不同于传统老影戏那样演出了,更需要广泛的学习吸收其他戏曲的养分,才能排演出跟上时代的古典新编剧目来。我接触的其他戏曲演员也都是比较高级的演员呀,像唐山评剧团的洪影[5]、河北梆子剧院的齐花坦和裴艳

≫ 著名评剧艺术家洪影(成贵民提供)

玲，我都注意看她们的演出，净学她们表演中最美的地方。

在排演《白蛇传》中，我曾经受到洪影的影响，她演唱许仙，人家在舞台上水袖一拽，念白"大姐一呀，"这个腿往前进了一小步，我把这吸收到皮影表演中来，就比过去好看多了。俗话说"唱影如扮戏"，过去在我父亲那个年代就讲这个，但就不像我亲身看到了演员，有了很多的艺术感染。

你好比说照相，近点、远点，还讲究画面呢，我就把《白蛇传》中的小青和白蛇一上场的动作做了设计：小青上来以后挺高兴，还逮了一只蝴蝶啊、掐个花戴上了，白蛇想的不是那个，想的是人间情景，小青对白蛇说："姐姐，你看，那边来了一位相公。""在哪儿？"小青的身子赴下去以后，单手指去，"在那啊"，白蛇站在她身后，这手抚她肩，水袖往上一撺，这个就有点画面了，下面观众就非常认可这个，好看呀。我就琢磨连照相都要求个画面呢，皮影就是多少个画面组成的，后来在《双山情》里也加上了这个动作。

▶ 新编神话皮影戏《双山情》

再有就是白蛇和许仙在一块喝酒的那场戏：把那个酒壶往这一倒，其实就是用一个铁丝弯了这么一个小勾，酒壶往这一挨，小勾往这一来，这个小勾一动，从外边一看这个酒啊正倒呢，像活的。这是我从哪儿来的啊，过去在很早以前的时候，赵紫阳演包公的时候，包勉给他倒水，这个勾就是赵紫阳使的，那时影人小是个小勾。我就用粗一点的车条，弯的勾大一点，酒壶往这一来，你一动，摺这了，"请喝，请"。过去没有碰杯的动作，可现在不得加点现在的东西嘛，皮影都有过门伴奏，俩人一碰盅，伴奏的"梆"一响，效果就非常好。实际上这个东西很简单，但非常吸引人。我在操纵时需要听下边的反应、听下边的效果，好的地方我就总结起来，反响不好的话我把这个去掉。

排演皮影戏《白蛇传》时，我们还看了上海李炳淑她们演的电影《白蛇传》，受她们的启发很大。像"盗仙草"这场戏啊，我们以前演出时，鹿童、鹤童就是往这一站念上两句词，没有什么动作。后来我都给他们加上动作了：这俩人一边一个，踢腿、童子拜佛、往后一小翻儿，完了以后再转过来，前边这个是"前弓后箭"[6]，后边这个往上一翻一跳，来个"探海儿"[7]，这个造型不是很好看吗？下边翻下来，这个来

▷ 齐永衡表演皮影戏中的水袖1

▷ 齐永衡表演皮影戏中的水袖2

个大叉。过去皮影里面没有啊，这个我就是受他们上海京剧《白蛇传》里面的影响。

魏：我记得你说过曾经从河北梆子那里吸收过一些东西，是吧？

齐：是啊！比如说齐花坦演的那个河北梆子《宝莲灯》，我们在一块开会听她唠嗑的时候，她讲到她

如何刻画这个人物。她说者无心，我听者有意。可是皮影脸是没有表情变化的，没法表现人物情绪呀，我在操纵中就注意刻画这个，我就通过用人物形体动作的表演，来体现内心感情，把皮影剧情需要的内容表达出来。

魏：刚才你说到学习齐花坦，那你吸收到皮影里的是什么内容？

齐：就是三圣母跟刘彦昌之间情感的表现啊，齐花坦扮演的三圣母，她对采药人非常的爱慕，心里头非常喜欢他，刘彦昌这几天没来呀，内心在思念着，看刘彦昌上山来，她是想着近前，但是有些害羞，这都是人物的心里动作，舞台上真人演出可以有表情展示，皮影没有表情变化，如何把它表达出来呢？你好比皮影戏中白蛇和许仙脉脉含情，婚约已订的时候还挺害臊呢，我就吸收了三圣母的形体表现，（做动作）是吧？这样的动作以前没有过。光这样做，影人表演的效果还不足，所以我又加上水袖，效果就非常好了。再加上兰花指，这样把水袖一甩，就看出脉脉含情了，就把这个仙女的心情表达出来了，这都是皮影里不

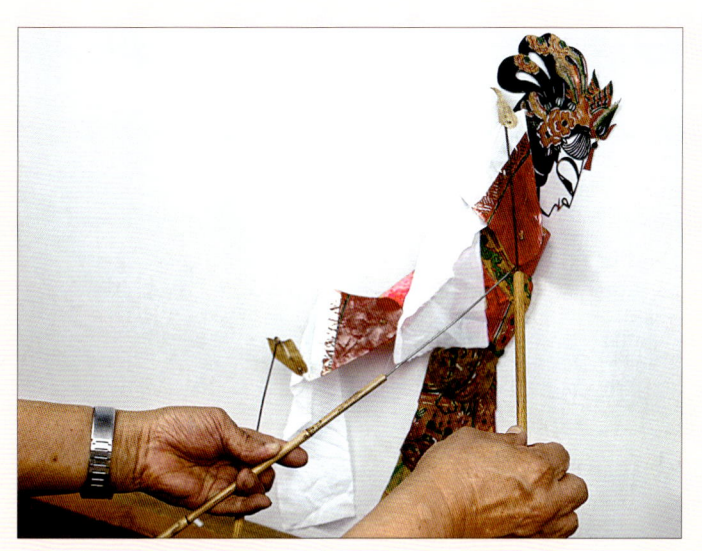
❯ 齐永衡表演皮影戏中的水袖3

❯ 齐永衡表演皮影戏

好表演的，通过这些借鉴，那个时候我这方面又提高了一大块。

就说我们皮影里的《白蛇传》"水漫金山"中的武打，你也看见过早先我们那个皮影武打吧，很简单的，就是"呛……喊……呛呛"，一打就败了，这样人物形象提不起来。小青水战的那个打法如何形象呢？如何好看呢？所以我就琢磨着借鉴舞台上刀马旦的演出，刀马旦不是双枪打出手吗？踢枪、拨枪、转枪。

这个时候，虽然我想借鉴，但当时我脑袋里头又没有详细的印象了。

正好，那时候我们在保定的大舞台演出《三打白骨精》，但只是晚上才演出。那个剧场白天正好演电影河北梆子《宝莲灯》，里面有个孔雀和天神的武打，这武打有个踢枪、拨枪、转枪，这武打看着

> 皮影戏中的双剑打出手

挺好，可是记不住啊不是，那时候没有什么记录的条件，没有照相机、没有录音机、没有摄像机。怎么办呢？我就拿了个本、拿了根笔到现场做笔记。准备记的时候，心里想的也挺好，但剧场里坐好以后，"嘟……"一响开演了，剧场里灯也都关了。这一关灯我就傻了，我看不见写字了，于是我就摸着写吧，翻、跳、踢枪、打枪、转枪、群众上，记完了以后呢，我马上赶紧到宿舍要把它整理下来呀。打开笔记本一看，哎呀，有的写得还挺工整，有的仨字五个字都在一块呢，但是我都有记忆，很快就把它整理出来了。

但是毕竟人家在舞台上演出是四面八方踢枪，才能打出手来，皮影是平面，怎么办？我就慢慢一点点想啊、弄啊，改成了皮影的双枪打出手。

等《白蛇传》排完了以后，我们上沈阳那儿去演出去了。离我们演出的地方不远就是辽宁评剧院，筱俊亭、花淑兰、韩少云她们都在那儿。咱们头一天去演出，要请当地全辽宁省的文艺工作者看我们的演出，我们给人家发请帖嘛，人家都来了，那么大剧院座无虚席呀，而且把他们看的都"啧啧"称赞，感觉咱皮影戏里边那个画面，包括表演刮风呀、下雨啊，那可真形象呢。还有影人的水袖表演啥的，影人使用长穗剑，有招有式，要长枪的时候，我把撑杆跳的动作也搁里头了，他们看着就非常好。

当"水漫金山"武打的时候，这是体现那个转枪的地方，他们

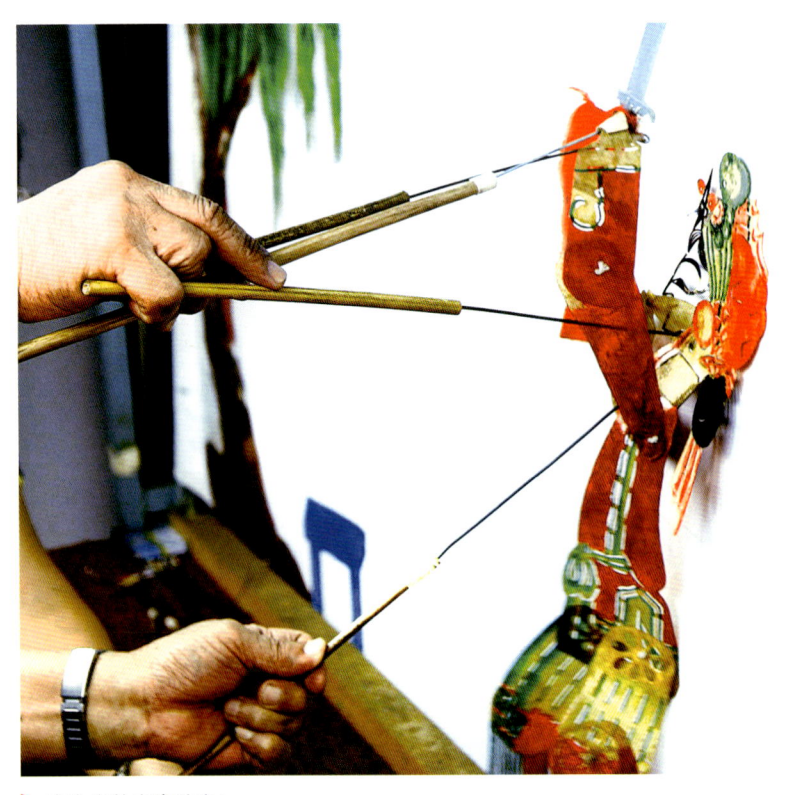
> 齐永衡的表演手法1

挨着给我叫了两次好儿。就是当双枪打出手的时候，踢枪、拨枪、转枪的时候，这个好儿"哇……"的起来了。叫完了以后，俩枪一起上来，我用剑给你挡住了，往高拨，这边也拨，拨、拨、拨、拨，越拨越快，实际上用剑这么转的，这么（做动作）……这时"哗……"好儿又上来了。

当时，把沈阳的文艺界轰动了。因为东北很少能够看到咱的皮影，还以为是原来过去的水平呢，结果一看有了新形体动作，他们就说："唉，这小皮影人儿好像唱戏的一样。"他们叫咱们"小皮影人儿"，而那时候在他们评剧里，还没这个双枪打出手呢，那时候一般京剧和河北梆子有这个。

在沈阳演出，观众非常喜欢，群众的欣赏水平也在不断提高。那时候，我弟弟、我叔家的孩子，连他们

>> 齐永衡的表演手法2

看皮影去，我都得提前四天订票。这还是我呀，别人买的话兴许买不着呢，那时候观众就这么"热"。赶到有这么一天不是嘛，韩少云、花淑兰、筱俊亭那天她们没有演出，就都看我们演出来了，来到后台来对我们说："哎，我看看我们老乡。"可能是花淑兰说的吧，她说："哎呀，老乡啊，你们这个小人儿把我们这个大人儿都顶了。"是怎么回事呢，她们沈阳评剧院常演出的那几个戏，观众可都会唱了，上座就显得少了，再赶上我们去不是嘛，都觉得挺新奇小皮影儿，吸引了大量观众。过去东北三省都有皮影，皮影演出水平都是20世纪三四十年代的演出水平，没看着过咱们60年代、70年代这个演出效果。

魏：你们这是哪年啊？

齐：这是十一届三中全会以后吧，因为十一届三中全会就恢复剧团老戏了。

魏：刚改革开放的时候？

齐：对对对，以前不是老演样板戏吗？后来就恢复演老戏了，这时候头一个排的是《三打白骨精》。《三打白骨精》到各地演出了一圈，观众非常叫好，可是不能总演这一个呀，所以回来以后才排的一个《白蛇传》。

有一次，咱们在韩城[1]演《白蛇传》，那个戏里不是没有唱老生的角色嘛，唱老生的演员李春荣坐在台下边看了一场影，演完了以后，他说："哎呀，永衡，我还是第一次在下面看，的确是真好！真好！弄得真跟唱戏一样。"我都是根据这些人对我演出的肯定，把好的东西逐渐积累下来。

魏：我还记得你说曾经跟京剧团的武生演员学过什么东西。

齐：那就是我们排《三打白骨精》的时候，文化局组成个班子参与我们的表演设计，有唐山京剧团的长靠武生演员王长山，还有演猴戏最好的孙炳坤。那时候我说："孙老师，你猴戏演得好，你能不能教教我？"他说："我也不懂拿影呀，那咋教啊？"我说："这样，你拿影人是拿不好，你就给我真比划你的动作。"他那时42岁，在地下翻啊，做孙悟空的各种小动作。他给我比划，我就把它记录下来，然后就搁到影戏表演上来。原来演的皮影，孙悟空出场的时候没有那么多动作，而后来的表演：孙悟空的水袖一掸，领子一摆，孙悟空那么一个动作，有小猴给他挠挠腿。就是把戏剧舞台的东西给搁上了，这都是他给出的招，过去皮影里就没有这些东西，原来皮影里也没这么拿影的。

过去皮影中哪儿有表演耍棍子的？过去孙悟空出场就念白：俺老孙保护师父怎么怎么的，完了以后再巡山一回，就下去了拉倒了，也没棍子要你耍呀。后来咱们排了一个《火焰山》，我就练了一套耍棍子，到后来排《三打白骨精》的时候，耍的棍子就有点像戏剧舞台一样了，嗒嗒地在手里不停地转。那个你看见过的。其实从里边看转棍子是很简单，手条在这搁着呢，一个棒子中间一个棍儿，往这一摆，嗒嗒嗒嗒……（做操纵动作）开始是这么转，嗒嗒……嘟嘟……最后转得非常快，然后往高一扔，掉下来用脚一踢，然后回身再接住，那时候观众就是叫好。皮影表演技巧丰富以后，甚至它的灯光布景一弄，有点立体感了，整个就把这个戏给托起来了。

魏：《三打白骨精》是你们演出比较多的剧目，里面有段妖怪"梳头洗脸"的戏，这在传统影戏班子就有过演出，那么您对这出戏的创新有哪些啊？

齐：过去的老东西我都学过，以前白骨精出场就是很简单的一个动作，你看赵紫阳的梳头洗脸，他那个非常简单，不让别人看，非常保守，版权归他所有。但我那时候岁数小，小孩，他跟我父亲好，有这个关系，就不忌讳我。所以他的梳头洗脸表演我看见过，很简单！一个影人，原来是黑脸变成绿脸了、绿脸变成红脸了、红脸变成白脸,这个脸往这一扔,转这边去了白脸的就换了一个人,转这边去了,脑袋一梳梳个鬏,衣裳拿过来一插就完了。

而我们以后演《三打白骨精》,开始出场的这个白骨精是十分像的,就是正面的骨头架子,我把戏剧舞台上钟馗的表演动作用在了骷髅的表演中。然后在一团烟雾中就变成一个鬼怪样的人形,妖怪为了迷惑

▶ 乐亭县皮影剧团演出的《三打白骨精》

影戏箭秆王 第六章 操纵技艺之路

> 齐永衡"双手操纵百万兵"（史振华拍摄）

唐僧，这要梳头洗脸。白骨精是一堆白骨变成真人，通过梳妆打扮，变成一个美女，我就把这套东西借鉴和发展了。一洗黑脸变成绿脸了，又洗再变了，最后的时候用手巾，脸洗白了，用手巾来擦一擦，这个脸一个个都是活的，最后一个是丑脸变俊脸。

刚开始洗脸的时候，动作要大，往脸上一晃，观众心里头以为准要变脸了，这个是马虎你一下，抹擦抹擦还是那个脸，并没有变。第二次拿过来又是一使劲儿。你肯定说又变了，还是没有变。把你麻痹了，当你不注意了，最后轻轻地往这一蹭，挺轻轻地就过来了。刚把你的视觉模糊了以后，马上就又把你的视觉提溜过来了，你挺惊讶的——脸变俊了！

> 皮影脸谱变化的道具造型1

> 皮影脸谱变化的道具造型 2

> 皮影脸谱变化的道具造型 3

前面那个动作都是大的，要引起你注意啊，后边这个呢，怕你注意，就一点点放开，观众会感到变了，还是不变。在你以为不会换的时候，这一下换了，你一点感觉也没有，这就是如何体会观众的心理，如何把技巧表达出去，这个就是魔术般的艺术。

然后是妖怪化妆：她头发散着，过来拿一个梳子，手一敛头发，开始不是那么通顺的，梳通了后，把梳子往那儿一放。用手持了持头发，卷哪、卷哪、卷哪，梳成鬏了，比原来更好看一点了。下一步穿衣、戴花。白骨精变成美女以后，觉得那个美劲儿，不仅她要美，还得表现出她的一股妖气来，这就是如何刻画人物，操纵还得掌握这个火候。

还有皮影"小天鹅"那个戏，我是按照芭蕾舞《天鹅湖》排的，皮影人儿、超短裙儿、小细腰儿，一般影人脚不是活的，而她那个脚是活的，一踮这个脚尖儿就立起来。要是真人表演，她得成天练功啊，练

≫ 唐山市皮影剧团演出的《魔女巧梳妆》

▷ 传统皮影戏《白蛇传》

时间长了,受不了时也得落下来呀,我这个影人儿成天这么放着也不要紧啊。又比如有个动作叫"倒踢紫金冠",往上一跳的时候,这个手往后这么一来,后边小腿往上这么一起,就是那个画面,这个造型非常美啊,就跟画一样、跟照片一样。除了"倒踢紫金冠",还有"小猫步"、"探海儿",一般的舞蹈表现的,都是我从芭蕾上学的。

鲍:您们单比皮影戏是从什么时候真正开始的?

齐:童话剧真正发展起来,是"文化大革命"以后,走这个路子是为了扩大皮影的观众面,那时候刘锐华也写本,居尚也写本,我们就排了几出小戏,上幼儿园、上学校给孩子们演出,那时演出效果还挺好,

≫ 唐山市皮影剧团演出《鹤童》的"洞房"

孩子们都很喜欢看。

你看的《鹤童》那是原稿，以后我们改的有小瞎子算命的那段，有烂菜花开酒店的那节。当音乐一拉，布景就看到酒店的酒字，一边是树，一边是桌子什么的，小姑娘上场来了，手里拿着手绢，下边小脚（做影人走路的动作），手绢一扔，一转身搁手接住了，就是把戏剧舞台上唱花旦的那种表演借鉴过来了，效果到挺好，二人转里不是有转那个手绢嘛，皮影里软的东西咱转不了，但把手绢掸出去，往高处一扔，皮影里都可以弄，转咋转呢？我就把这个手绢的正中间搁一个赛路片，手绢仅仅是边上软乎，中间都是硬的了，这个跟那个耍金箍棒一样了，手绢往下边转着，然后往上一扔，换成软的了，手接住了，这样就有点看头。所以就这样一点点的，如何能应用到屏幕上、应用到影窗户上，我就是把一切能够用的手段，都把它搁在影人上，让影人进入表演，像这样的事很多很多，但有的因为时间挺长了，当时演出的情况记不起来了。你在下边去过看演出，群众的效果你不是亲眼见着了嘛，咱们演出的效果非常好，群众就买你的账、就认你这个东西。

那个时候，我们曾经排演过《嫦娥奔月》，加了内外布景，整个影窗户上，一边画了一个大月亮，那

≫ 唐山市皮影剧团演出的《双山情》

边画的都是云彩啥的。在银幕外拴有一根钓鱼的渔线，是透明的一般也看不见，这渔线一头拴在下面，另一头拴在上面的那个对角上，两头一抻，在影窗外挂上嫦娥影人，灯光一打，嫦娥往上飞着走的时候，影人身上也有绸子布啥的，用吹风机吹着那个彩带呀，飞、飞……，正好她唱完了，嫦娥就到月宫了，飞到月亮跟前时，灯光转暗，在琵琶声中一束光照到桃花盛开的环境中。河伯与后羿打仗，还有龙喷水和河水上涨，此时后羿是用小影人在远山上射箭，龙的眼睛是两个小灯泡做的，后羿射龙眼，用电光短路的方法打光，射一个龙眼就灭一个小灯泡，这在过去的皮影中是没有的，这样处理也适应变幻的内容。

魏：我看过一个影人，一个女的有着飞天的动作，梳着鬓，红衣服，两个绸子神口，身上贴着亮片，那是哪个戏上用的？是《嫦娥奔月》用的？

齐：另有一出戏叫《双山情》，里面也有一个从影窗外边表演的影人，像小飞天似的，你见的影人就是那上面用的，过去皮影哪儿有从外边弄的呢，那个时候我当团长，我跟他们一商量、一合计，大家都支持我，所以就搞了跟飞天似的飞上去了，这个效果观众都非常喜欢，我们表演水晶宫的情节，水晶宫里的

影戏箭秆王　第六章 操纵技艺之路

鱼好几层呢，在外边也有一层，大幕拉开，一条大鱼，一撒手，鱼就顺着斜挂的渔弦走下去，从那边再放一条走下去，大幕外面有鱼，里边再有鱼，显着场面特别活。

在《鹤童》那出戏里，有一个县官坐轿的表演，那是我从豫剧牛得草的抬轿那儿学来的。以前影人坐在轿子里面，影人不露在外场。咋办呢，就采取滑竿的那种东西，影人往上一坐，小胡子还是一动一动的，嘴可以开合，眼睛也可以动，非常适合表演这个人物。一般的

≫ 1994年，齐永衡操纵表演仙鹤

皮影都是五分脸，我在这里头搞一个舞蹈，这个舞蹈里，弄成了一个正面的跳舞的脸谱，皮影都是看一个眼睛，这个就可以看俩眼睛。

过去的皮影里没有舞蹈不是？我刚开始研究舞蹈时，研究的是鱼舞，四条鱼在水里跳舞，游啊游啊，变成四个美女舞蹈，我把敦煌壁画那种舞蹈搁上了。那时候他们那些评委们都非常称赞，以后弄啥呢，弄了个龟跳舞。

≫ 齐永衡操纵表演仙鹤

魏：我知道您许多细腻的操纵表演都与注意观察生活有关。

齐：那是肯定的！有一次在长春演出《鹤与龟》的时候，一天演两场，下午2点开一场，晚上8点开一场。我休息的时候没事，就到附近的人民公园去，我去看仙鹤怎么飞、怎么落、怎么嬉斗，看小猴的动作。整演出半个月，我在那儿也学了两个星期，管公园的人和我都熟了。有一次我闭着眼睛在那儿琢磨着，我突然一睁眼，看周围站了一群人，他们总看见我在那儿模仿，还以为我是神经病呢。

体会动物的习性和动作规律使我学了不少东西，比如猴子是这么抠，不是这么抠（做动作），模仿它的东西，还不能泛泛的都搁进来，还得把它弄的符合皮影的规律。又比如仙鹤腿长，身子比较沉重，脑袋就晃，但它飞的时候需要先伏身再起飞。所以万事万物的表演都需要生活体会。蝴蝶往花上落，蝴蝶落、落、落，又起来了，但是转一圈又回来了，不是马上"啪唧"往这一落的，它是一点一点地落下来以后，挺美的小翅膀忽闪忽闪的。你观察鱼也是一样，鱼在水里头挺美的游着游着，有一点动静"噌"就跑了，所以说生活的东西你都们观察，比都把它揉到皮影里去了。有些挺简单的事，只要你在戏里表现充分了，观众都会认可。我们表演皮影戏中的老人吸烟，用那个老式大烟袋，翻春那个皮影的烟袋口，装上去以后，再拿下来揿揿，再吸两下，老年人抽烟都这么着。什这一搁，用嘴一叼，拿出火柴来点火，这一抽就冒烟，你一看挺好啊，非常简单的事都非常抓观众。

▶ 皮影戏中吸烟的老汉

≫ 冀东传统皮影戏《琵琶词》

魏：还记得我看您表演《琵琶词》，也是为我那本书配光盘，我们去借乐亭的舞台拍摄，当时我在您身后看您表演。那小影人跪爬半步，如泣如诉的唱，不时擦擦眼泪，最后擤擤鼻涕还一甩的。后来那个导演说："哎呀，这才真叫是艺术，绝了！"我在河北电视台《真语人生》节目中也讲过这个事，我那可真是在你身后边含着眼泪看您表演的。

齐：对皮影的表演就应该追求精益求精，我一直都在研究皮影，对皮影戏表演艺术可以说是锲而不舍。我平时下了班以后就骑自行车回家，那时正排《双山情》呢，我骑着骑着，就把自己的前车轱辘骑到人家的后车轱辘里了，人家是个女的，便没说别的："咋不注意啊，别把你摔了！"人家是挺不满意。我就说，"对不起、对不起，我脑袋里想事来着。"承认了错误，就把人家送走了。骑着车子再走，骑到一个拐角的地方，又走着走着"嘎吱"一下子，一个130汽车停那儿了，我如果再往前走，汽车就碾着我了，当时我脑子里还在琢磨节目里的影人怎么动作呢，这个开车的年轻人可就不像那个女的说话，"你瞎！不要命了，不想活着了？"咱没说别的，低下头走了，这是我入痴入迷的地方。

》 2004年7月5日，齐永衡表演《梁红玉》

魏：真不容易啊，但您的刻苦钻研确实取得了很大成就嘛！

齐：随着社会发展，观众的欣赏水平不断提高，对皮影的操纵有了比较高的欣赏要求，皮影表演要求真实化，这样的话，就必须丰富皮影表演的动作。

正是由于不断改革创新，我的皮影表演受到观众的极大欢迎。有时在农村演出时，群众只要听说是齐永衡的影，青年男女、老人小孩，成群结

▷ 2004年，齐永衡、齐永清、丁振耀在开滦唐山矿小剧场表演

伙地争往观看。影台下人山人海，场面热闹极了。有时候一台影戏，观众最多时竟达2万多人。很多人追着我们更换的演出点，甚至跑二三十里路，直到看完故事结局为止。

1985年4月，在滦县川林乡刘庄演出，距刘庄18里的兴隆庄有6位六七十岁以上的老人，连看了6天。其中有一位82岁的李姓老人，往返36里地也跟着看。问他为什么这么大年纪还走这么远路来看影，他说：

▷ 齐永衡在2005国际皮影节唐山市博物馆展览会上表演

影戏箭秆王 第六章 操纵技艺之路

≫ 传统皮影戏《牛郎织女》（成贵民提供）

"我都快进火葬场了,看了影儿死了不冤。"这肺腑之言说明了群众对皮影艺术的热爱程度,表明皮影艺术在人民群众心目中所占据的地位。1986年4月,我们在滦县前常峪演出,兴隆庄这6位高龄老人又去看。

有人称赞我的皮影表演,说是技艺精湛也好,表演逼真也好,说我是"活影人齐"和表演艺术家也好,我深知这是人民对我的赞誉和鼓励。

魏:您大概回忆一下,您曾经演出过多少皮影剧目?

齐:我表演的传统剧目有长篇连台本戏《五锋会》、《二度梅》、《青云剑》、《岳飞传》、《薛家将》、《杨家将》、《呼家将》等百十余部,单折戏有《三打白骨精》、《牛郎与织女》、《庄郎与金鱼》、《邵玉兰救夫》、《包福打店》、《人参姑娘》、《火焰山》、《盘丝洞》、《汴梁图》、《乾坤带》、《秦香莲》、《白蛇传》,现代戏有《白毛女》、《血泪仇》、《红云岗》、《九件衣》、《风雨战歌》,童话戏有《神奇的羽毛》、《熊猫咪咪》、《龟与鹤》、《打狼》,等等,还许多也记不得了。

本章小结

皮影戏的演出是"以声感人,以动传情","声"即指说唱,"动"则为艺人操纵影人所至。皮影戏作为一种傀儡艺术,操纵演员技巧的高低起着至关重要的作用,由于传统的影人操纵杆是用细细的高粱秆(俗称箭秆)做成的,所以民间对皮影操纵艺人的高手,一般会尊称为"箭秆王"。

影戏的表演空间与戏剧舞台相比有着很大的局限性,操纵时要求演员必须手疾眼快、动作准确,每个细微的动作既要符合剧情特定环境中的人物要求,又必须与音乐、唱腔严丝合缝地配合在一起,皮影操纵最重要的是皮影人物思想感情的表现。

雕镂精湛的皮影人物造型虽有忠奸、善恶的程式化脸谱,但表情全都是固定的,如要表现人物的喜怒哀乐,就需要操纵艺人在操纵过程中掌握动作分寸,而且要以情入戏,即演员要带着剧中人物的情感进行操纵,这样才能使皮影造型成为有灵魂的、活生生的艺术形象,对于这样的操纵技艺,俗称"入皮子"。

一些老艺人根据多年的实践,总结了一些各类角色的表演程式,这些影人的程式化动作既源于生活,又根据皮影戏演出的需要作了夸张,特别是在五分相的平面影像中赋予了神、情、意的表现,这样不仅使观者得到艺术美的享受,而且充分体现了操纵技艺在皮影艺术造型中起着重要的丰富和完善作用。

当代"箭秆王"齐永衡先生就是我国皮影操纵表演艺术的佼佼者,他善于表演影人在马上、步下的长枪短打,无论是单刀、双剑、棍棒、流星,都会使人目不暇接,同时也善于表演文戏中生、旦、净、丑的细腻情感,对于童话、神话剧中各类动物的表演更有独到之处。在《三打白骨精》一剧中,他突破传统的操纵方法大胆创新,将唐僧骑马表现出四蹄迈步、蹄下生烟、马头颤动的艺术效果,一个过场便能引起观众雷鸣般的掌声。令人叫绝的是他表演白骨精梳头洗脸时,可以使影人由黑脸洗成红脸、由红脸洗成白脸、由丑脸洗成俊脸,然后梳头、卷发、戴花、穿衣、照镜子等,这一系列表演细腻生动、出神入化,即便是在后台也是难以看出其操纵诀窍的。专家们评价他的操纵技艺是:"动中求真,真中求细,细中求情,情中求趣,精中见彩,技中见奇,手疾眼快,动作准确。"观众一致称他为"活影人齐",其操纵技艺不仅冠誉中国皮影界,而且在国际皮影舞台上也备受推崇。

》《空城计》

注 释

[1] 正冠是戏曲人物表演的术语，指人物出场时必须首先扶正冠戴。
[2] 《二堂献杯》是传统戏影戏《劈山救母》中的一折。
[3] 指仙女天池沐浴的情节。
[4] 苗耀成聊唐山市皮影剧团的著名戏剧作家。
[5] 洪影是唐山皮剧团老艺术家，著名老生、评剧洪派的创始人。
[6] "前弓后箭"指舞台动作中的弓箭步。
[7] "探海儿"亦是舞台动作的一种。
[8] 韩城，唐山西郊一个镇子，属丰润县所辖。

第七章
大地震后的演出

QI YONGHENG BEHIND THE ILLUSION
An Oral History of the Chinese Leather-silhouette Show

本章综述

采 访 人： 魏力群
口 述 人： 齐永衡
采访时间： 2006年8月23日
采访地点： 唐山市路北区机场路南楼五号楼
　　　　　　齐永衡家里
在场的其他人： 齐永衡妻子

"文化大革命"和唐山大地震，使齐永衡遭受了难以忍受的精神痛苦与身体摧残。"文革"中他"蹲牛棚"，受批判，被遣下井挖煤"改造"；地震时他被砸折了腰、砸伤了腿，但他又在地震后的几十天，带着伤痛出现在广交会的演出舞台上。这是一段苦难的历程，但其中包含着求生、抗争、乐观的精神，就请齐永衡口述他这段抹不掉的记忆。

第七章 大地震后的演出

魏："文化大革命"的时候，皮影剧团都解散了，你也成反动艺术权威了，这些"文革"的往事不堪回首，但唐山大地震时您有没有受伤？为什么地震以后马上就到广交会上演出？

齐：唐山这个地方啊，一个赶上"文化大革命"，一个赶上唐山大地震，两大灾难都让我们给赶上了。"文化大革命"中我是反动艺术权威，是为刘少奇复辟鸣锣开道的，因此挨批斗，但剧团里大多都是我的学生，所以批我的劲头还是差一点。但是我家被抄了，影人、影卷席卷一空。蹲罢牛棚，又被遣送到开滦马家沟矿下井挖煤"改造"。我大儿子东红，5岁学影，9岁就上台帮助我操纵影人。由于我受迫害，儿子也就只好放弃皮影艺术而改行。直到"文化大革命"后期，在原唐山地区领导的帮助、鼓励下，我才又回到影台。

可是接踵而来的，就是1976年7月28日唐山大地震。皮影剧团全部家当被压毁，全剧团30名演员，9人遇难丧生，10多人受重伤，我脊椎被砸断。地震的时候我们的舞台、道具、影人都被压了几米深。

魏：大地震的时候您在什么地方？

齐：地震的时候，我正在唐山小山剧场那里排戏。

因为那几年，我们常到北戴河演出，周总理等一些领导都在北戴河看过我们的皮影戏。有一回朱德、徐向前他们这些老领导到北戴河疗养的时候，把我们调过去给他们演出。演出以后徐向前搀着朱德来到后台，我记得朱德穿了一双红皮鞋，拄着拐棍，他说："你们演得挺好，过去呀，我在西北看过，由西边往陕北转战的时候，从山区路过，看到过那个小影。但不如你们这个好，你们这个演得太好了！"朱德看好了咱们的影，到了1976年3月份，我们接到通知说朱德还要到北戴河去，还要看皮影，我们开始准备节目。随后我们又接到另外的指示，要我们皮影剧团准备参加第40届广州交易会，那时候咱们国家也没怎么开放，让我们去参加交易会给外宾演出几个节目，人家要求质量高。地震前夕我们正在剧场排戏呢，而且一般都排练到后半夜去。

7月27号是个大热天，正赶上保定曲艺团来到唐山，据说他们从东北先到秦皇岛，秦皇岛想要留他们演出，他们没留下，于27号下午4点钟就到了唐山。一般演员的习惯是，无论到哪儿，先把演员宿舍安排好了，一打扫、行李一撒，洗洗脸。夏天嘛，在外头喝点水呀，我们彼此就唠唠嗑、说说话，都是剧团的不是嘛。晚上听说我们排戏，他们也去看我们的排练，等到排完戏以后就将近12点左右了，他们也回去睡觉去了，我们也忙活的浑身是汗，大家都很劳累。我记得我开着的那个小收音机，搁在床铺上，躺着就睡着了，睡到后半夜，就觉得不好了。

魏：这时候您住什么地方？

齐：就住在人民大戏院啊。

魏：就是小山那儿吧。

齐：是，那时是皮影团的团址，剧场也是皮影团的剧场。地震时天空挺亮，我一睁眼，亮度已经往回收了。据说曾经特别亮来着、亮得刺眼，那时我没醒呢。我还没有反映这是怎么回事，周围一切就抖动起来了，我赶紧下床，拖鞋还没穿上呢，房子就倒了，因为那个房子不是水泥预制的"大盖板"，而是过去那种老的木质楼，它是两层，我

» 解放军在唐山地震抢险救灾（常青拍摄）

在二楼住。这一震，我就觉着"哗——"像万丈深渊似的掉了下来，掉下来以后，上边掉下来的东西就往身上砸，有一个东西到这（比划到头上的位置）就掉不下来了，别的东西就被它搪住了，所以没砸到我的脑袋，但我已经被埋到这了（讲述时的手势显示已经埋到胸口以上的锁骨部位了），当时就感觉出不了气了。脑子里跟演电影一样，刹那间想得非常多呀，比如家里头孩子们怎么这么，想的这些东西。一会呢，我就缓过一点气儿了，这时候把我悬到二楼和一楼的那个地方了，晃着往下沉，我身体越来越往下，到下边，我的腿不知道是被长钉子呀、还是被玻璃呀给划破了，现在我腿上的包还有呢，这么长个大口子。我那个时候害怕呀，心想：腿没有了，人还可以活着，使劲一抬，就把腿抬出来了，腿也不流血了，但是就像买的那个猪肉白膘似的，往外翻着，我这个腿砸伤了，恐怕里边还有尘土呢，现在还黑着呢。虽然玻璃把身上划破了，但是没砸着脑袋就是万幸啊。后来，有一股凉风进来了，有凉风不就有透空嘛，我在里头就嚷啊，"救命呀，救人呀"，"快救人呀！毛主席万岁！毛主席万岁！"当时我还这样呢。

我的房间隔壁那边是苗广珍，两个宿舍中间也就是这么宽一段墙，他买了一辆日本菊花牌自行车，挺当宝贝的，搁到他那个窗户跟前，地震以后窗户把车子卡住了，他说啥也出不来了，就喊："齐老师，救我呀，救我呀！"我回答说："我现在也被压着呢，我就要爬出去，爬出去以后去救你，我就往外爬，洗脸盆挡着呢，我就扔一边去，正好有根大杠子折了，我就从这边下去了。原来他……小时候住在头晚上回家了，只有陈奎章在那住，我往下爬出来以后，我说："苗老师你在哪儿呢？"上边都是瓦砾看不见，这时候陈奎章刚醒过来，原来他是被砸晕了，陈奎章说："永衡、永衡，快救我呀！"这回我跟苗老师说："苗

老师你先等会啊,陈老师在这,我马上过去救你。"我出去以后,把瓦砾等乱七八糟的东西,就一点点地搬走了,搬走以后,这又有一个大杠子,就是橡子,后边三屉桌顶着屁股,床铺把人卷得跟麻花一样了,没法出来呀,这个大杠子挡着呢,我咋搬也搬不动,顺手拿个木棍撬进去,我就使劲往上一抬,实际上我的十二胸椎已经砸折了,我这一抬不要紧,我就觉得"咔嚓"一下子,这样我就立不起来了,我就瘫那儿了。但我可以说话呀,看到赵广生他们那几个学员都出来了,我就喊:"广生,快出来,把陈老师快抻出去,那边还有苗老师呢。"这下他们就把其他老师抻出去了。

夏天不是挺热嘛,晚上睡觉就穿着一个裤衩,这一地震,连裤衩都没了。也不知道是砸下去的,还是滑哪儿了,也不知道了。我出去时外边下小雨,我就连雨带血的一浑身,因为我们那儿有个叫郑凤琴的会计,夫妇俩和一个刚过满月的小孩儿,他们俩是先从所住的会计室出来了,我听见他们在上面喊"老齐",我听见有女的声音,自己也没有衣裳,就赶紧躲起来了,我说:"广生,给我找件衣裳。"他说:"齐老师,找不着衣服呀,有个凉席。"我说:"中!"就把凉席拿过来围在身上,我借着凉席就站起来了。

陈奎章也救出来了,我也出来了,陈奎章的腰砸折了,我的腰也砸折了,基本上站不起来,走道都蹲着走,那时候,王国明也出来了,他们好几个人把我们给抻到下边了,那里有个三八旅馆,在那比较稳当,把我们俩扶到那儿了,我们就再立不起来,也坐不起来了,就瘫倒在那儿了。

我们刚到那躺着的时候,人还不是那么太多,后来一点点的人就多了。还有人一边哭着、一边喊着、一边找女儿。当时也有的人发国难财,把百货公司给抢了,抢着的就赶紧跑了,也有的没抢着。人们的脚从我们躺着的地方直蹦啊,我们那时候,地震没有被砸死,还险些被踩死啊。

≫ 2006年,齐永衡在家里讲述地震时的事情

一会儿也有我们的熟人过来说:"哎呀,老齐你怎么躺这了?"然后我说:"我受伤了。"实际他们从百货公司回来,拿的都是吃的,什么栗子羹啊、橘子汁啊。他们问:"齐老师你饿不饿呀?"我说:"想不出饿来。"地震以后,人不知咋回事,人的关系和感情就非常近了,给我们扔了十几包栗子羹,扔了两瓶橘子汁,说:"你们躺着,我们走了,我往家看看去。"随后,我和陈奎章

把栗子羹吃完了，要喝点饮料，橘子汁他一瓶我一瓶，我们咕噜往嘴里一喝就吐了，它是原浆的，不是甜的是咸的，齁咸齁咸的，人家说是要兑水才能喝的，那时候上哪儿找水去啊？

我们就那样坚持到了下午4点，团里人死的死、伤的伤，苗广珍出来就死了，剩下的人都被扒出来了。在小山下面有个长城影剧院，那里有空旷场子，我们相互搀着就转移到那了。我们躺在那儿，那时是忒渴呀，我跟王国平说，"赶紧给找点水去"，去了一个钟头也没回来。他也找不着，就没有水嘛。他不知从哪个河沟子里找了个罐头盒给我灌了点来，那也是宝贝呀，也咕咚咕咚喝完，把罐头盒就搁那儿了。喝完水以后，想小便也起不去，都是人我没办法，我就尿到罐头盒了。后来我睡醒才知道，有人起来渴的受不了，就把罐头盒里的尿喝了，看我们算到啥程度了呢。我头前躺的是个老头，也就60多岁，这边是个小孩，也就四五岁，我们在那儿待着，晚上看天上都是星星啊，似乎都是会跑的星星，看星星同时在想我们的命运。

第二天早晨起来了，又没药又没医生，什么都没有，大热天的，有些人就感染了，老头也不哼了，小孩也不哭了，实际上都死了。死了也没办法，也没人往外弄，我也出不去，就活人和死人在一块躺着。

过了两天以后，秦皇岛、沈阳的部队过来了，就把我和陈奎章搁车上拉到外县去了。先拉到丰润，丰润病床已经满了，再拉迁西，迁西病床也已经满了，都是运输去的病号啊。最后把我们拉到玉田了，玉田那儿人也不少，但是那里有个玉田影社呀，玉田的县委书记、县委各个领导我们都非常熟，一听说我齐永衡受伤了，到他们那儿去了，就给我额外照顾。他们县医院基本上就没住的地方了，都是搭了一个塑料布当病房。他们把我安排到离县城5里地的农村，搭的大长铺什么的，到那儿伤员少，照顾得周到、挺好，陈奎章我们俩就到那里养伤了。

我们那儿会到玉田，那里人们对我们非常关心呐，知道我们的腰砸折了，给我们找了一个农村的正骨医生，那个医生可能就是给骡子、马治病的，哪儿坏了就给端端啥的。我记得很清楚，上午的9点多钟，来了一个大高个、瘦拉不禁儿的人，带个大凉帽，把凉帽往炕上一搁，"你们哪儿骨头折了？"我寻思着这是咋回事呀？他说："我是正骨医生，是咱们村里边把我请过来的。"我一听这是好事啊。陈奎章说，"我来我来"，就先给他治。他那个时候腰是这么待着的（手势是两个关节向前弯），大夫就跟他说："你得配合我，因为咱们现在也没有仪器。"随后让陈奎章就跪到床铺上，那个大夫到他身后边去，用手摸摸以后说："别害怕，疼一点也无所谓，疼一点就一次，如果留下残疾，就终生后悔了。"陈奎章说："没事没事，不要紧，来吧。"大夫这个腿拱到他后腰这了，俩手扳着肩膀子，"一二"这一扳，腿往前一拱，劲大了，就成这样了（手势是两个人书同后弯），是陈当时都不会说话了，大夫问他："这回咋样了？"他还说："挺好挺好。""中不中呀，不中咱们再来。""不用再来了，挺好了，你看我这不都会走了。"（掌猫腰走略的样了）他还挺乐呵的呢！

那时候我们剧团的编剧刘锐华把胳膊砸折了，他是先出去的，就给拉到丰润了，丰润医院也都全塌了，

影戏箭秆王　第七章 大地震后的演出

房子也塌了，猪圈也塌了，满地都是乱七八糟的，医院也搁不下了，把病人干脆都搁高粱地里了，这儿一个人，那儿一个人。这时还有一个笑话呢，这些人每天早晨起来，解放军抬着一个小担架，死的就往上一搁，担走了。刘锐华当时正在那儿呢，猪都饿得吃死人去，他听着猪嚼死人的手指头、脚指头，"嘎嘣嘎嘣"的，正这时候，一头猪上他的脚那儿去了，他吓得一动，他把那头猪给吓跑了，噢，猪它吃死人，不吃活人啊。

那个时候，外国的敌对势力，当时我们叫他们"帝、修、反"嘛，他们说唐山从地球上消灭了，一百年也出不了煤咧，唐山平了！中央、省委挺重视咱们这个唐山地震的事，不是原来安排我们准备去广州交易会演出嘛，这回中央、省委下指示，把唐山皮影演员集中起来还要准备去广交会演出。那时候我们团受伤演员到各处疗伤的都有，有的到沈阳、有的到郑州，在玉田疗伤的就我们两个人，上面下了通知就得赶紧回去排戏。

那个时候我的伤也是刚见好，回家去了，跟伤病员一样，脑袋勒着布，腿这勒着布，腰这都是血，你嫂子见了我之后直哭。我在家呆了一天，就见通知了，我就得立即回团去。

从唐山地震以后，影人、道具埋在地下，最浅的是一米多深，深的有三米多，有的砸得也不能使了。没办法了，捡着几个能用的箱子带着，从唐山带点木料、带点东西，还从唐山京剧团、评剧团、唐剧团、还有杂技团，一共是五个团凑够了五十几个人，一辆车是拉东西，一辆车是拉人，集中到了石家庄。

到了石家庄以后，河北省委看到我们这些受伤的人，非常关照，就给安排到省委招待所，我们到那儿一瞅谁也不敢进去，是地震以后都怕住楼房了。最后了解到大家的担心，为了不让演员们再受惊吓了，又把我们安排到获鹿（现在的鹿泉市）去了，在石家庄西边二三十里路，那个地方依山傍水，环境相当不错。

刚到那里，我们做准备工作还没排戏呢，我们受伤的人白天就医，打针换药，晚上也挺热睡不着觉，在外边一个挺大的凳子上坐着闲聊，后来我、丁力、小苑式困了，就去睡觉了。我们躺在炕上瞅着房梁，正在我们迷迷瞪瞪的时候，"咔……"一声，我们寻思又地震了呢。在唐山把腿砸折了的丁力，随身就带一个小包，都蹿到外边去了，不知道他是什么时候出去的。吹喇叭的小苑睡在离门较远

> 唐剧演员彭秀兰在获鹿准备到广交会演出节目期间合影（左下）（成贵民提供）

▶ 唐山市皮影剧团演员参加广交会以后在唐山的合影（王士杰提供）

的地方，但他从窗户"噌"的把头钻出去了。结果一看外边，是闲聊的人把凳子弄倒了，才有那一声响动。小苑一看没事，就想缩回来吧，回来是回不来了，窗户上不都是铁纱窗嘛，头把铁纱窗顶破钻出去的，这么出去可以，（做纱窗卡住头的动作）纱窗都顶着这儿呢，回来回不来了，现找人铰开纱窗才把头退回来了，这是我们地震以后头一次出外遇到的事儿。

当时在石家庄也好、获鹿县也好，只要一说唐山来的，还准备去广州交易会，那就是要啥给啥。那个时候我们开始做影人、做道具、做影箱了。其中谷守一、马福庆这俩都是画家，是负责画布景的，我们那个《鹤与龟》的大树就是谷守一画的。

后来我们在那准备排戏了，像我这个腰砸折的去耍影人去，站不了多长时间，排这么十来分钟，就需要休息一会儿。他们给我找了一木板床，软床还不行，累了就往那儿一躺，歇个十来分钟再接着排。

▶ 齐永衡与陈奎章1976年在广交会演出时在驻地矿泉宾馆合影

魏：这次在石家庄呆多久呀？

齐：1976年8月18号去的石家庄，到了10月8号，我们如期坐火车去的广州交易会。刚到广州车站的时候，就听到敲锣打鼓，整个火车站的人都满了，我们看这么热闹，还以为中央首长也去广州了，他们是在迎接呢。一会给我们了一个信儿说："快下来，快下来。"结果是迎接唐山抗震的英雄人民来了，我们下火车以后，下边的部队也好，学生也好，献花的献花，拉手的拉手，真是热烈的欢迎。我们出了火车站以后，在火车站这个大广场啊，整个广场都是满满的人，还有

▶ 1978年，唐山市皮影剧团演员们在唐山地震后的简易房研究工作

≫ 唐山市皮影剧团演出的皮影戏《鹤与龟》

首长讲话,说唐山地震以后,唐山人民怎么怎么的,向唐山人民学习!向唐山人民学习!这种活动搞完了以后,那广州军区医院的早都安排好了,把我们这几个受伤的拉到车上去了,有护士、有医生跟着,拉到矿泉别墅去了,矿泉别墅就是江青曾经住的地方。我们在广州,那就是享福了,在那有广州医院的给打针呀、治病呀,比这边医疗可强多了。演出的时候,彭秀兰被砸折的胳膊,还得打着铜子挎着,服装都是样板团的服装,每人都这样,乍一看,还不知道是从哪儿去的高贵人呢。

从10月10日到10月22日,我们为150多个国家和地区的朋友演出。一般开演之前,由唐剧演员彭秀兰到影窗外边给大家唱个影调的清唱,清唱就叫"唐山地震缅怀毛主席",完了以后,我们就演出《鹤与龟》、《打虎上山》,还有《红云岗》熬鸡汤的那个,演出效果是非常好。一个日本的记者说,"你们这个社会主义国家,这么大的地震,这么几天你们就出现在广州交易会,如果在我们日本,不可想象。"咱们去一次广交会,整个为中国、为唐山,也就是扬了名了。

咱们的演出是作为开幕式演出而去的,时间预定是半个月,十月底前就应该结束,因为11月1号有别的团来演出,说有山东《红云岗》的剧团,还有广州歌舞团,都是所谓的几个样板团。结果因为咱们演出以后反响很强烈,都要求看咱们的节目,别的票都有富余，就咱们的票紧张，广州交易会办公室的跟咱们商量，再保留3天吧，3天演完后，再保留7天吧，3天、7天，这就10天呗，还有5天广交会结束呢，干脆都演完再回去吧，所以到11月15号才结束。演出完了以后，还带着我们到肇庆、佛山各地玩了玩，我们是11月22号回来的。我们在广州的时候，也介绍唐山地震的情况，一般都是带队的李国昌和文联的马锡福介绍唐山的情况。

在广州那个时候，还可以在室外洗澡呢，可咱们北方到11月份，那可就太冷了，我们随身穿着从广州部队找的军大衣回来的。

回来以后，地震棚就已经给搭好了，我和赵连江俩搞操纵的住在一个屋，屋里生一个大炉子，挺旺，我们凑合着一冬天，一冬天也没冷着，挺好！第二年的春天以后，政府出资要搞个剧场，给演员建一个不是地震棚的简易剧场，建完以后呀，我们也住进去了。

地震就是这么过来的，这就是我在"文革"和大地震中，包括地震以后到广交会演出的亲身经历。

本章小结

1976年7月28日凌晨3时42分56秒，唐山发生了公布为里氏7.8级的大地震，公布的死亡人数是242769人，重伤164851人。整个城市完全瘫痪了。

人总是有着那么一种创造奇迹的精神，唐山地震后10天就产生出了煤炭，14天就能够发电，20天生产出了机车，28天重新炼出了钢。而已经瘫痪的唐山皮影戏，也在几十天以后重新显现了艺术的光彩，真是无法评价他们是一种什么样的精神，我倒是留意到齐永衡在地震灾难中，还饱含着那么一种幽默感：

"丰润医院也都全塌了……病人干脆都搁高粱地里了……这时还有一个笑话呢……他听着猪嚼死人的手指头、脚指头，'嘎嘣嘎嘣'的……一头猪上他的脚那儿去了，他吓得一动，他把那头猪给吓跑了，噢，猪它吃死人，不吃活人啊！"

"农村的正骨大夫把腿往前一拱，用的劲大了，老陈当时都不会说话了，问他'中不中？不中咱们再来'，他还挺乐呵地说'不用再来了，挺好了，你看我这不都会走了'"。

在齐永衡口述他这段记忆的时候，我不愿打断他的思路，想要他能够详细讲述地震时的具体困境，希望从中体味他对命运的抗争，但他却不时乐观地谈起其中这些所谓的笑话，看来他笑对地震中的苦难，这也正是他对人生、对命运的态度吧。同时我还感到奇怪的是，对于"文革"所经受的磨难，他却是那么简单的一提而过，是因为那个政治年代没有可以乐观谈论的事情？还是不愿意勾起那段回忆？我不好再追问下去。好在后面对其弟子的访谈中，我们可以了解到一些这方面的情况。

第八章
走出国门的"箭秆王"

QI YONGHENG BEHIND THE ILLUSION
An Oral History of the Chinese Leather-silhouette Show

本章综述

采 访 人： 魏力群
口 述 人： 齐永衡
采访时间： 2006年8月23日
采访地点： 唐山市路北区机场路南楼五号楼
齐永衡家里
在场的其他人： 齐永衡妻子

他不是最早走出国门的皮影戏艺人，但他却是第一位走上国际艺术讲堂并引起轰动的中国皮影戏艺术家。他在这里口述了自己出国讲学与演出的成功之路，并介绍了国外皮影的信息。

在齐永衡的家里，我看到了许多他在国外演出、讲学的照片，照片记载的瞬间传递了他的表演是怎样受到热烈欢迎的，告诉我们中国民间文化与国际是怎样进行交流的。同时应该引起我们思考的是，我们的民间文化为什么会受到国外的高度重视？我们自己该如何面对自己本民族的文化艺术？

影戏箭秆王 第八章 走出国门的"箭秆王"

魏：您到法国讲学的情况，我看过都是一些简单的报导，今天请您来详细谈谈吧。

齐：1982年8月，应联合国教科文组织邀请，我赴法国夏尔维尔市，为国际木偶学院和国际木偶联合会皮影训练班讲学，把中国这门古老而独特的民间艺术，介绍给来自瑞士、西德、美国、捷克、委内瑞拉、巴西、意大利、加拿大等9个国家的皮影专家和法国的30名皮影爱好者。

我去的那一年正好举办法国的木偶艺术节，但我是8月份去的，他们7月份就已经演完了。所以有些木偶专家也好、木偶演员也好，他们为了听我的课，都没走。

我讲课的内容，有中国皮影的概论、皮影题材、表演形式、操纵方法、剧团情况、演员生活，还涉及中国皮影的发展、传统剧目与现代戏的关系、皮影戏与其他艺术形式的关系、中国皮影戏的现实主义与浪漫主义、对今后皮影发展的看法等。既讲理论知识，也有实际操作。上课时，学员全神贯注、认真做笔记，并不时提出疑难问题请求解答。我的讲解比较精辟清楚，语言也较生动流利，当然也是主要靠翻译得好，才深得学员称赞。

国际友人了解到皮影剧团在中国，得到国家和集体的大力支持，设备齐全，演员生活有保障，皮影剧团不仅有操纵演员、演唱演员，还有专业编写人员和伴奏乐队，大家深表羡慕而赞叹不已。他们说："现在西方木偶和皮影的发展，受到很大阻碍，很难得到国家的帮助，是属于走下坡路、不景气的剧种，无法与电影、电视、歌剧、话剧及其他剧种抗衡。观众也越来越少，只靠演出收入，连演员的生活也很难维持。"参加讲座的学员表示要学人之长，补己之短，更重要的是通过不懈努力，使自己的观众对皮影艺术有新的认识，从而挽救和振兴本国的皮影艺术。

在法国讲学中，最受人欢迎的是我的操纵实验课，比如表演仙鹤的孤傲、鱼儿的悠然、猴子的顽皮、蝴蝶的轻盈、骑

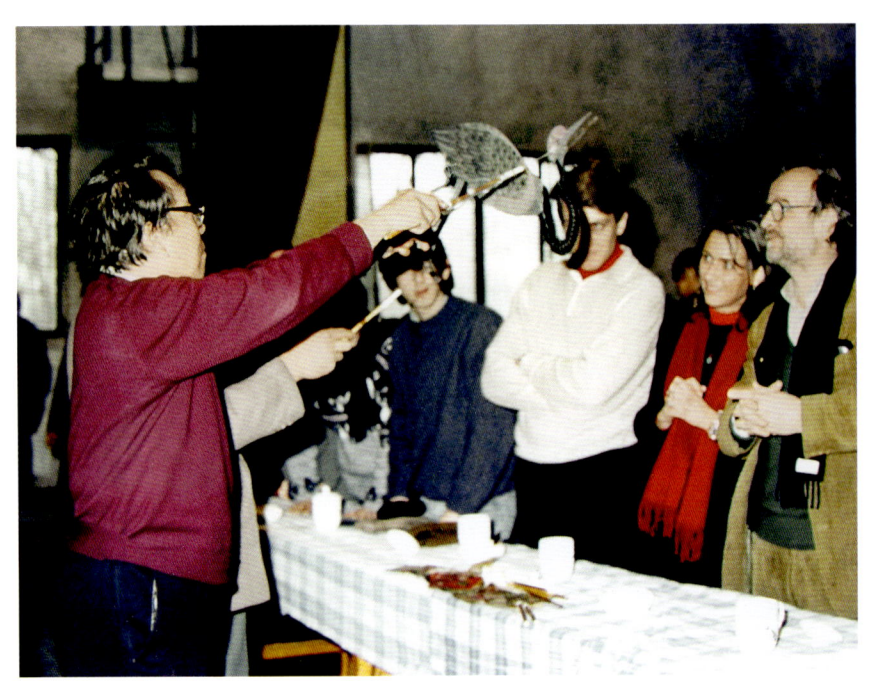

≫ 1982年，齐永衡在法国国际木偶学院讲学时表演《鹤与龟》

士的威武勇敢、儿童的天真活泼、白骨精的狡诈阴险、武戏的激烈热闹场面、文戏的典雅优美动作，我的表演栩栩如生。对每一个动作，学员们都报以热烈的掌声。我在那讲课的时候，下边鸦雀无声，有的时候我讲完以后，人家还提出来让我再说一遍，他们都用录音机、用笔记认真记下来。

我在法国讲学，那里接待的规格也是非常高了，国际木偶学院院长拉罗兹多次表示："大家非常喜欢你的这个表演，喜欢你的艺术。中国专家到法国讲学，这是第一次，但希望不要成为最后一次。"同时他还邀请我所在的皮影剧团参加1985年第七届国际木偶节。国际木偶联合会和木偶学院还把我操纵表演的镜头，印制成很多"明信片"发行，意大利、瑞士、委内瑞拉的皮影专家，也准备回国后在报刊上介绍我的表演艺术。

≫ 1982年，齐永衡在法国国际木偶学院讲学时发行的明信片

我这次出国讲学，在法国及附近一些国家的新闻界，引起了热烈的反响。当我到达夏尔维尔的第二天，很多新闻记者争先采访，像《团结报》、《信使》杂志和法国电视台都专题报道了中国皮影专家到法国讲学的消息。还有些报纸说："中国皮影是一种需要熟练技巧和魔术般动作的艺术。中国人把皮影艺术提高到如此精湛的程度，为其他国家艺人所不能比拟。"报纸又说："西方人不仅可以学到中国的皮影艺术，还可以了解到艺术在中国的价值。第一次一位中国专家来到法国，这件事将载入夏尔维尔市的编年史中。"这

些报纸还介绍了我的简历和令人震惊的表演。他们还希望这次连通欧亚两洲的大门,不要再关闭。

当时法国有一个皮影专家叫蔡克斯,这个人也是在法国有点儿声望,他听说来个专家是中国的,就感觉自己挺了不起,大讲特讲自己的表演艺术,他边说边演,旁若无人,他对我虽然不是那么冷淡,但是他总把他表现得挺大。他的夫人是幼儿园的老师,他的夫人也帮助他干,还有一个小孩。我们到木偶学院去讲学以后,这些人一看都惊呆了,蔡克斯看了我的操纵实验课,他立刻紧紧握住我的手,表示惭愧,通过翻译告诉我说:"我在你面前,是太小太小了,艺术太少太少了,简直什么也不是,我这是在鲁班门前卖斧来了。"此后,蔡克斯多次向我请教,切磋技艺,并把自己筹备介绍世界各国皮影展览材料拿出来,让我观赏借鉴,还把珍藏的各国皮影资料赠送给我。以后我在法国这一段时间他始终没离开我们,住都住一块,吃都吃一块,他始终瞟着我,想跟我学点东西,所以我的东西最后也都教给了他。

法中友协主席因当时没能和我见面,后来他访华时,还专程来唐山看望我,表示友好和感谢。中国驻法国大使馆也高度评价了这次赴法讲学,大使馆以《中国皮影来到法国》为题,发给外交部的报告说:"齐永衡同志在法国讲学,受到很高评价,通过讲学扩大我国皮影艺术的影响,受到一些国家皮影专家欢迎,取得了较大成功。"

≫ 1982年,齐永衡与委内瑞拉朋友分别前合影

1984年12月,唐山皮影剧团应邀出访美国,在佛罗里达州迪斯尼乐园演出。我们在美国演出的时候,观众非常欢迎。但开始他们还不知道是什么玩意,认为是电影,还认为是幻灯片,还认为是……当我们演完以后一谢幕,呵!还是皮影,观众掌声四起。在美国的演出去了32天,每天演六七场,演了197场,我们的观众越来越多,排队买票的人总是争先恐后,常常谢幕后20分钟不走,一定要到里面看个究竟。很多人到台上看台惊奇地说:"太好了,太妙了,真是魔术般、闪电式艺术,可称为世界之最。"

我们赴美演出,在华侨中也引起了强烈的思乡之情。由台湾到美国的一位学者,全家老少三代人从很远的住地赶来看皮影。这位学者感慨地说:"这是真正的艺术,真正的国粹。"台湾皮影艺人张守义先生当时也在美国,他说台湾的皮影,几乎还是处于原始时代,他听说"文革"后大陆没有皮影了,这次看了这么好的皮影,让他感到震惊。

在美国演出的时候,最强烈的感觉是给3岁、5岁的幼儿园小孩演出,他们那个掌声比大人还活跃呢。孩子虽然看不懂那个复杂的剧情,看了演《鹤与龟》,这个说"我喜欢小鱼",那个说"我喜欢大鸟",他管仙鹤叫大鸟,这是小孩对咱们的反应。

我们在那儿的演出,其实就是给迪斯尼世界的中国馆助兴去了。他们那儿有一个圆形电影院啊,前厅都是等着看

> 1982年,齐永衡与法国皮影专家蔡克斯交流

电影的。他们把我们安排到前厅演出,给等着看电影的观众演。后来,许多人就不去里面看电影了,光在这看咱们的皮影。

我们一天演六七场,平时可以休礼拜。有一个老头带着小孩去了三趟,去了以后没看见演出,正赶上我们休息,这老头感觉非常遗憾,他对工作人员说:"我来了三次了,三次都没有看到。据大家反映,你这个皮影非常好,我没看过,我想看看什么样。"当时还有这个台湾的老两口和小两口,专门来参加这个什么节,要看我们的演出,看完以后他们不走,他说了:"通过看到你们的演出,就知道大陆的各行各业都在发展。"

另外呀,那个馆里头的女经理叫鸠蒂,她这个人啥也不爱看,所有的玩意她都不爱看,通过咱们这个演出的效果这么好呢,把她吸引的也要看。看完以后她亲自跟我说,"你们的演出是最好的一个,是我最喜欢的一个。希望你们明年还来"。她讲话讲得不多,就这么几句话,说明皮影在国外受欢迎的情况。

1985年8月,应法兰西等国邀请,唐山皮影剧团访问欧洲,《欧洲时报》及时

> 1982年,齐永衡在法国与美国悦龙皮影剧团韩福瑞女士交流

影戏箭秆王　第八章 走出国门的"箭秆王"

做了报道:"中国民间艺术献艺巴黎,唐山皮影戏首场演出,画面精美,观众叹为观止。"我们还在法国为第七届国际木偶节演出,在摩纳哥为第八届世界戏剧节演出,在荷兰做访问演出。我们44天访问了3个国家、14个城市,受到各国电台、电视台以及报刊杂志的高度赞扬。到处听到的都是"中国人太好了,中国的艺术妙极了,我们永远忘不了中国人"的声音。凡是看到我们表演的外国朋友,无不拍手称快。艺术是增进各国人民之间友谊的纽带,架设相互了解的桥梁。唐山皮影剧团出国演出,起到了一般代表团所起不到的作用。咱们在国外演出的影响是比较好的,我们到荷兰去的时候,荷兰菲利浦总裁请我们吃冷餐,在冷餐会上他站起来说:"中国唐山皮影万岁!"

后来,我们到日本演出,带去了《三打白骨精》和《鹤与龟》,一共演50分钟的节目,得过84次掌声。当时的文化局局长李凤桐也跟着一块去了,这是他在下边记录的。以后回来往市里汇报的标题就是《50分钟的节目,得84次掌声》。

魏:那次是宫本吉雄(日本奈良县青少年文化振兴协会的)介绍的那次演出吧?

齐:对,是宫本吉雄介绍的那次演出。日本影法师那个演出方法和咱们的演出方法不一样。(指照片)看这块镜子里下边,这个戴眼镜的跟我在一块照相的那个,他是日本电影界声望最高的配音演员,他在演

≫ 1984年,齐永衡表演《鹤与龟》

≫ 1984年，齐永衡操纵小猴子

出之前穿上和服，把影本在银幕前面往这一放，他们是习惯跪着。咱们表演《三打白骨精》时，就用他的翻译，当剧情中有一段孙悟空把姑娘打死后，他爹就喊："女儿呀，女儿呀。"他翻译就喊："姆丝梅，姆丝梅。"日本话姆丝梅就是闺女的意思。我小时候听过的一首歌曲：瓦达西瓦姆丝梅……什么什么，二八姑娘那个姆丝梅，他一说姆丝梅我也听懂了。整个这个剧里的道白，他都用日语翻译过来。所以我们这个演出节目，观众就听着效果挺好。

　　日本人去剧场啊，不像咱们穿双大泥鞋，走得叮呤咣当的，那里一进门以后那都有拖鞋，一人换双拖鞋，走进来在那儿看戏。一次我们刚开始演出《鹤与龟》，有两口子抱着一个小孩儿来看演出，这个小孩儿也就是一周左右吧，那个女的也就像三十来岁的，剧场全满着呀，开始的时候由男的抱着，到后来就给这个女的抱着，当我们演《鹤与龟》这个10分钟的节目，观众是不停地叫好。仙鹤一鸽毛一个好、一喝水又一个好，有的时候，一分钟他们都叫一两个好，观众看得非常入神、非常入迷。当我们演完以后，我们

影戏箭秆王

第八章 走出国门的"箭秆王"

≫ 1985年，齐永衡与法国大学生合影

出来谢幕嘛，可人家讲究礼节呀，呼啦全都站了起来，可这个女的鼓掌把这个小孩搁在这儿（用手指腿上）啦，她看戏挺好，小孩看戏也挺好，也不闹，咱们出来一谢幕，剧场"哗"全起来了，她一起来以后，把小孩"吧唧"掉地下了，一掉地下，孩子的哭声和剧场的笑声、掌声啊，那个时候可以说非常热闹。

日本观众认为我们演出的非常形象，评价我们的演出，他们不说日本话"挺好"，而是说"number one"，这是英语"第一"的意思是吧。我们还参加他们日本的一个什么节日，到了不少剧团，他们对咱们这个皮影演出的评价非常高，那就是咱们这个皮影的演出阵容、演出技术，把他们给感染了。这是我们在国外的情况。

魏：您统计过一共去了多少个国家吗？

齐： 我带队出去有10个国家，包括法国、摩纳哥、荷兰、德国、意大利、奥地利、日本、美国等。在我出国的那段时间里，皮影正是比较火热，德国的木偶专家劳达戈，我们习惯叫他"老大哥"，在国外跟我说，等他筹集筹集让我们再去演出，结果我从台湾演出回来以后就离休了。后来德国的朋友劳达戈又来了看演出，准备邀请去演出，当时我还到团里与他们一块活动呢，结果他一听说我已退了，就感到很遗憾，

> 1997年，齐永衡在意大利与朋友合影

> 齐永衡与美国韩福瑞女士重逢在2005唐山国际皮影艺术节

他看我不参加表演了，最后就决定不邀请了。

我离休以后，别人出国演出的也比较多了，有时候去个俩人、仨人，这么着也算出国了表演了，有的在国外弄得影响不是太好，声望不是那么高。艺术这个东西要想吸引观众，必须技艺得上去，你搀一点假，牌子就砸了。

> 1995年，齐永衡与劳达戈在德国

附：齐永衡在法国讲学的内容

国际木偶学院和国际木偶联合会皮影训练班自1982年6月28日开始，8月14日结束。开始由印度专家讲授印度皮影戏的历史、理论、操纵、表演，并教一出戏，两周后学生自己表演，随后由希腊专家讲学、比利时专家讲舞台灯光的技术与使用，最后是中国齐永衡的讲座，他共有10讲。

时间：1982年8月2日—8月14日，每天上午9：30—12：00

参加的学员有：瑞士、德国、法国、美国、捷克、巴西、委内瑞拉、意大利、加拿大等9国学员代表。开始有15名，后增加4人，总共19名。

第一讲 中国皮影概述

第二讲 皮影戏表演及其特点

第三讲 影杆的操纵方法与要求

第四讲 特种技巧的操纵方法

第五讲 各种人物姿态动作的操纵程式

第六讲 怎样用操纵技巧来表达人物的思想情绪

第七讲 怎样才能使操纵艺术形象化

第八讲 操纵技术示范表演

第九讲 操纵艺术来之于生活

第十讲 皮影戏在世界上的情况

本章小结

齐先生在这里口述了他走访十来个国家的情况，显示出小皮影进入大世界的魅力。除此之外，外国朋友专程来看皮影的事情也是屡见不鲜的。最近几年，还有许多海外的学者和留学生多次来考察中国各地的皮影戏，其中包括许多来自日本、法国、美国的专家学者及留学生。1998年7月2日，我曾经与美国留学生布莱尔、河北电视台国际部编辑曹蓓到唐山的齐永衡家采访过。美国女孩布莱尔·玛迪恩是加利福尼亚州戏剧学院表演系三年级的学生，她偶然一次听老师介绍中国的皮影，也了解到皮影的故乡在中国，而唐山皮影则是其中的佼佼者，于是她设法联系到我，并开始她的唐山之行。在看完齐先生的演出后，布莱尔还应邀到齐先生的家里做客。在齐先生的家里布莱尔激动地哭了，对于她来说能够亲眼看到齐先生精彩的表演，并与他面对面的交流，成为布莱尔皮影之行中最难忘的回忆。事后她说："也许我这次唐山之行最大的收获是，看到那些艺人们虽然挣不了多少钱，他们仍然很执著，他们用他们的心，用他们的热情，用他们的爱，去坚持着艺术。这是我最尊敬的。"

其实，中国皮影戏早在元代就传播到了国外，成吉思汗的军队西征时，就将皮影戏带到了波斯、土耳其和阿拉伯等地。1767年，法国传教士居阿罗德将中国影戏的全部形式和制作方法带到了法国，并在巴黎和马赛作公开表演。1781年，文坛巨匠歌德曾用中国皮影戏庆祝自己的生日。正是由于中国影戏在国外的影响，国外的一些电影史家就把中国古来有之的"影戏"看成是电影发明的先导。正如浑司楼在他所著《人们的剧场》中所说的："有声电影的来源，不能不崇拜中国影戏为开山鼻祖。"

目前在德国的慕尼黑、西柏林、奥芬巴赫、吕贝克等城市的博物馆，以及法国、英国、美国的一些博物馆还有大量中国皮影的收藏。

多少年来，中国民间皮影艺术一直成为西方学者和艺术家收集和关注的热点，这些民间艺术为什么能激起西方人的兴趣？为什么我们自己认为很土的玩意儿，对外国人却有经久不衰的魅力？它会带去怎样的影响？确实是值得我们深思的。

第九章

对影戏传承的思考

QI YONGHENG BEHIND THE ILLUSION
An Oral History of the Chinese Leather-silhouette Show

本章综述

采 访 人：魏力群
口 述 人：齐永衡
采访时间：2006 年 8 月 23 日
采访地点：唐山市路北区机场路南楼五号楼
　　　　　齐永衡家里
在场的其他人：齐永衡妻子

在齐永衡的艺术生涯中，他曾经传授过数不清的学员，无论是正式拜师或临时请教，无论是国内、国外的学生，他都认真讲解与示范，使得学生比较容易掌握他的操纵手法。但是，为什么他的学生中许多人难以达到他那样高的水平？是否他还有什么保守的秘诀？在本章的口述中，会使人理解到这个所谓"秘诀"，就是他的人生阅历、他一生艺术修养的积累、他勤于琢磨的习惯。

俗话说"师父领进门，修行在个人"，在教学过程中，齐老师认为技艺传承比较容易，但内功修养才是最难学到的，这些也正是他直到现在还在追求的境界。他注意观察生活、喜欢接受新鲜事物、在表演技艺中总是在求新求变，这才是学生需要向他学习的根本。

年已 74 岁的执著老人，他仍然觉得自己的艺术不老，睡梦中还在比划设计影人的动作。他从圆头的皮棉鞋、寿命不长的"涤卡"、尼龙袜子、拿票才能买到的"燕山牌"自行车等作例子说起，把自己的艺术生命归结为：必须得赶上社会，赶上时代，赶不上时代就被淘汰了！这就是他的艺术人生观。

魏：您回忆一下，到现在教过的学生有多少人了？

齐：没数了，我也记不起来了。

魏：您说个大概吧，您从啥时候开始教的？教的哪个省的？在海外教了多少？

齐：头一个就是昌黎的张宝顺，也叫张向东，他现在也都退休了。以后有一个叫张国英的，是个女的，她今年都快五十五六了。

魏：张国英现在干啥呢？

齐：曾经在新华书店上班，那时候不是往下放人嘛，她离不开家，家里有小孩，没法了就把她放下去了。要不后来她跟我说："齐老师，我早知道的话，我不下放，那我就跟你出多少回国了。"现在唐山皮影团的人大都是我的学生，我还教过湖南的、黑龙江的、山西的、陕西的。陕西那个叫李巧玲是比较早的学生，她现在都50多岁了，这回我上山西孝义的时候，她还去那儿看了我一回。

我都走了十来个国家和地区了，有日本的、美国的、委内瑞拉的、意大利的，还有台湾的。在台湾的学生不是一个团，是好几个团的呢，台湾的刘道训的儿子是我的学生，他那个团是自己搞起来的。

魏：我知道还有韩迟、韩星她们姐俩（哈尔滨双城韩非子皮影剧团的演员）是跟您正式拜过师的。

》2005年，齐永衡与弟子张向东在唐山国际皮影艺术节

齐：正式拜师的有她们姐俩、张宝顺、张国英、赵广生、赵卫东、笪建光、申唐影，还有包峰。包峰是以前我到哈尔滨时，去教过他们，连高淑芳都是我学生。1992年的时候，韩迟她们到北京演出以后，我也到北京了，当时有中国木偶皮影协会的、中国戏曲家协会的、中国木偶团的，还有湖南皮影团的陈迈众、哈尔滨的傅荣奎等一些老人都参加了她们姐俩的拜师仪式。

过去老艺人不愿传艺，"宁舍十亩

地，不舍一出戏"、"学会了徒弟，饿死了师父"啊。所以影班中有"投师不如访友，学艺不如偷艺"的说法。但是我并不保守，北京的也好，全国各地的也好，都是年轻的学生，他们那儿的老师介绍过我，都来跟我学，我都是开诚布公地教给他们是怎么弄的。

> 齐永衡向弟子们传授技艺

魏：您虽然那么认真的教他们，但您高超的地方是对剧情与人物的理解，这点恐怕他们不好学去，这需要积累。

齐：我跟你说过咱们皮影表演里有个《红云岗》，里面有个英嫂给解放军熬鸡汤。当时那个环境非常残酷。外边站岗的、盯梢的都有，她在屋里偷着熬鸡汤。而影戏的表演中，影人脸都是死的，没有感情啊。所以我的表演就是靠影人动作来把她的心理东西给弄出来了。现在皮影团我的学生，也是按我这个法拿的，一点不差拿的，别人说了，他们拿的不如齐老师，也不像。这就跟学习书法一样，他把那个笔拿过去了，但不知道用哪个手指使劲，怎样使用丹田力，重点的东西没学了去。表演皮影的这个重点是啥呢？是我多年总结的对人物的理解，就像过去老医生号脉似的，有个临床经验的问题。

过去有个李时珍，赶上皇上的儿子净吃蜡花，有很多的御医给治，也没治好，还是吃那个，御医之间他们都钩心斗角，把李时珍给找上来了，李时珍一号脉，一看就知道这是虫子，他开的处方全是毒药，这些个御医奏本说他没安好心，是想把小太子给药死了，应该拉出去问斩。李时珍他说："你可以先吃了药，如果好不了，我可以全家问斩。"药吃下去的第二天，就把虫子打下去了，小太子就好了，这回再问他："你为什么下这个药，别人下二钱你下五钱。"他回答说："太子吃这个蜡花，不是他口味想吃这个，而是他肚子里的虫子想吃这个，肯定是虫子！我下二钱药，虫子打不死，只是打昏迷了也排不下来，虫子醒了之后，会致命的，我下这药一下子就把它药死打下来了。"这说明李时珍的临床经验，想我们搞皮影操纵的也是一样的，那些个怎么弄，怎么拿好，怎么效果好，都是这些年慢慢体会的。

老医生都有临床经验，从艺术上我也有经验，从生活上我也有经验，有些东西没法形容，都是心里的东西，你好比说皮影戏中那个秦香莲，在那个万般无奈的时候，求她丈夫，她也知道这个情况是很不好扭转的，他娶的公主是不是？她又同情她丈夫又想着团圆，哪怕让我留下来给你做奴做婢的，只要让我留下来就中了，皮影上写的当时陈世美也有点心软，秦香莲看到这种情况了，她的行动还得把这个反映出来，"夫啊……"我就用了这么一个小磋步。

> 齐永衡与弟子赵卫东

魏： 这不单单是技巧基本功的问题，更主要的是修养。

齐： 这个需要基本功再加上悟性，心里想哪儿，手就做到哪儿。你的手到了，心到不了也不中；心到了，手到不了也不中。学员们可以把我这个表演的手法学了去，但学不了我这个处理人物感情的思想，尤其做我们表演这个工作，越老才越有经验，我现在回忆我以前的动作，哪儿还不足？平时没事在家我还琢磨呢。

有一次老伴躺着睡觉了，我睡着睡着手里就这么摆弄着动作，她醒了："哎，干啥呢？"她认为我睡愣怔了呢，我说我现在正琢磨影人呢，"这么大岁数了，好好活着吧！"老伴她也挺关心我的。可我实际上是想着给民俗博物馆设计影人动作呢，因为剧本是我编的，配音是我配的，动作是我给安排的，我到现在睡醒一觉，还仍然想的是皮影艺术。

也可能是我把自己说得高一点，我的艺术还算成功，但这离不开我的执著，离不开我的悟性。另外我对生活的感觉是忒满足。我做这些成绩，是党培养我成长起来的。另外给我的名誉，在唐山皮影艺人中可以说最高了，我连续当了4届政协委员，包括2届市政协委员、2届省政协委员，还有1届全国人大代表，每届是5年，我从政就从了25年。我父亲唱了一辈子，慢说政协委员，连个积极分子都没当上过，我当上政协委员和人大代表，可以说咱们老齐家的光荣了。中央首长也见着过许多的，（指墙上挂的照片）这都是中央那些首长吧。

我在北京开人大会的时候，代

> 齐永衡与弟子韩迟、韩星在2005唐山国际皮影艺术节

表们组织个晚会演出，知道我是搞皮影的，要我唱皮影，我咋唱啊，没舞台也不行啊。当时是组台演出，有彭丽媛、阎维文、牛群、冯巩等同台演出，给我安排十几分钟的时间。我参加人大会那时候，我们的团正在蓟县演出呢，由李延直、姚其巩他们在那盯着。我打了一个电话，叫笪建光、申唐影俩人来，把《鹤与龟》的节目拿来，姚其巩带着他们来的，在全国人大会上演出。预备了一个背投那么大的电视，放着我的磁带音乐，申唐影他们给我拿着仙鹤腿。现场可以看着皮影窗上的画面，也可以从背投屏幕上看着我们在后台的表演，观看同步的演出。演出以后的掌声非常热烈，有的中央首长说："今天晚会皮影是最好的一个。"人家净看高雅的东西了，咱们这个下里巴人的东西，他们有的没看见过，所以感觉挺新奇挺不错。演完以后，各位代表、各位领导在一块谈话中，都认为咱们的皮影很不错。

那几年在国际上也好，国内也好，唐山皮影非常红，现在有点不太景气了，不见得像以前常有邀请的。2006年3月，在广州搞了一个木偶皮影比赛，我家里有事，没有去了。他们演的有的就不是单纯的皮影了，而是从幕后走到幕前，把荧光管、变脸、喷火也都搞上去了，把许多传统的优秀东西都丢了，再加上最好的皮影唱腔也没有，那就完了。

为什么我说这些东西呢，因为皮影的唱腔过去有它一定的观众、有它一定的基础，唐山皮影专门有这么好的唱腔，像"三顶七"、"五字赋"、"大金边"、"小金边"，等等，它的板式、调式特别全。可是现在都是一群年轻的演员，他们没看见过传统的皮影，没听见过老艺人的东西，只是按照谱子学习过老师们给设计的唱腔，那咋唱啊？只好用录音伴奏来演个猴啊，演个《鹤与龟》啥的，这样的话，把咱们唐山皮影的特点也就弄没有了！

当然皮影戏不发展也不行，用科学的观点来发展，过去皮影唱腔好的要把它留下来，表演越好的越要留下来，学习传统这也不是一成不变。我为什么唱郝贵的时候，把那些东西弄上呢，他因为是三花脸，如果只用皮影的传统唱腔，就缺乏时代感，所以我就把这个东西变动了一下子，既保持传统又有时代感。我的观点是：传统必须得继承，不继承的话没法发展。那时候我们在下边演出，演《三打白骨精》也好，演《白蛇传》也好，下边的观众达到过一两万人。那时候在昌黎的靖安，还有乐亭过来看影的，他

> 1994年3月，齐永衡在全国人民代表大会上

们冬天踏着冰过滦河来看皮影，天上刮着大风、下着小雨，可是观众都不走，为啥呢，咱们的艺术魔力把他吸引住了，他们认为比传统的皮影有发展，没看见过这么好的东西呀。

魏：这就是传统与现代的关系，没创新不行，但是离得太远，把传统都丢了去创新也不行。

齐：现在应该赶紧地挖掘皮影老的唱腔，现在有几个会唱皮影的呢？最老的就是丁振耀了，他是1957年进的皮影团，那时候还是不错，高荣杰曾经给他念叨念叨其他人是咋唱、教给他几个唱，后来他跟历景阳学的，现在不光丁振耀算老的了，下边的刘淑春也都算老的了。以后的唱腔演员从哪来呢？戏校里只是靠谱子学来的那点东西，怎么能够再教好下边的人呢？而后边的人呢，不仅要学好传统的基础，而且还要有创造性，这样才能把皮影提高上去。

皮影事业发展就跟我的生命一样，我退下来以后，虽然年岁大了，但我的脑子不保守，虽然我只上了五年半学，学了一年日语，还学了一年英语，英语的那些字母我都知道。正赶上在昌黎普及过一次汉语拼音，我学到啥程度呢，可以用汉语拼音写一封信。现在老了，别的忘了，这几个字母还没忘，发个短信还可以发。我早先的摄像机是松下的、模拟式的。我现在开始研究数码了，我大孙子是经营电脑的，我想法也得弄一台电脑玩玩，我也上上网。我到哪国还学点那里的语言，去日本能学几句日本话，到英国就得学英语，到德国的时候，一般都用舌音，他们说我发音还挺正。从这一点上看到我，虽然年岁长了，但是我思想不老，赶上形势了。所以咱俩一谈就谈半宿，我学的是旧社会的文化，你是新社会的，我从你那儿也得了不少的知识呀。别看我现在岁数大了，但是我对新事物肯于接受。比如说我小的那时候，毡鞋可是比皮鞋还贵呀，那个时候穿着就好，现在拿出毡鞋来卖，一个买的人也没有。那个时候做的圆头皮棉鞋，皮子也好，也暖和，但是现在拿出来也没人买了，现在都成欧版了，所以就需要考虑市场。唐山那时候有种拿票才能买到的"燕山牌"自行车，也结实，可是现在再拿出来，可以做古董了却没人买了，再生产那东西不就赔钱吗？所以生产啥东西，你得赶上形势，"涤卡"就它寿短，也就是一两年，现在就不时兴了。咱们穿的尼龙袜子，当初感觉真好也结实，都愿意买，可现在改成纯棉的了，你再生产尼龙袜子，不都是积压品嘛。现在你再生产算盘还有人买？市场上计算机一按多快呀。影人的窗户大了以后，布景的颜色常常涂不匀，用油彩显得黑乎乎的也不好看，而现在的皮影布景都用电脑喷涂了，显得非常干净漂亮，也就不用画了。现在要啥样的有啥样的，所以人的思想必须得赶上社会，赶上时代，赶不上时代就被淘汰了。我这些年，脑筋就思考这些东西。

魏：那次《河北日报》的刘成群请您去谈的什么问题？

齐：谈的皮影继承和发展问题。

≫ 1994年3月，齐永衡参加国家领导人接见时的合影

魏：那天中午他也问我这些事，我说我不能给你预见皮影戏会怎么发展，但我可以给你举几个例子，比如说搞动画的他们想吸收这皮影，我还列举了山西孝义的改革例子。

齐：我那次去孝义回来，孝义市委宣传部长看完了戏以后，亲身给我鞠个躬，意思就是我帮他们救活了一个剧种。孝义皮影原来在那种形势下，小窗户不大，一个人拿俩皮影，那个作为历史是可以的，为什么十年当中它都灭了、断演了，就是因为它这个形式太老，没人看了，也没人懂。现在搞起来的这个《刘胡兰》，这还是皮影而不是别的戏，但是我跟他们讲：这虽然是新皮影戏，但一定要保持你们这儿的打击乐呀、碗碗腔呀。他们有几个搞影视的就不同意搞这个，只是把打击乐留了一部分，把唱腔留了两段。实际就应该保持住当地的乡土韵味才行，开始把大幕拉开，有刘胡兰的家乡景，配上属于山西地区的音乐，把郭兰英的那个"人都说山西好风光，山美水美稻谷香……"就要这么两句，音乐一转，一九几几年刘胡兰……让人一听是山西代的风格，这样多好啊，首先把人的思想抓住了，有人说齐老师这个意见挺好，但有的人还有点保守，喜欢用新式的音型。那你不乐意搞，就别搞吧。我可是专门研究如何靠艺术抓人儿、抓观众的。

177

魏：我上次去孝义，也与他们一起探讨过孝义皮影戏的发展问题。他们那里皮影主要有两种唱腔，一种是外来的"碗碗腔"，一种是本地的"皮腔"。我主张他们挖掘当地的皮腔音乐，作为当地皮影戏的基本特征，一定要抓本土的东西，而且一定要有新的表现手段和形式。

齐：是啊，皮影不创新就没有生命力，比如说，现在冀东皮影的操纵比建国初期提高了一大步，这次张向东他们到北京演的《火焰山》，北京的观众不懂咱们的唱腔，观众主要看操纵了，这是必然的。但是如果因此就不好好学传统了，那么以后也就再难有什么发展。但是现在的演员，包括我的学生，用过去老话说，那就是"师兄教师弟，越教越不济"。我的学生学我，仅仅学了80%，他比划还不到位，他再教他的师弟，也学了70%去了，这就是"黄鼠狼掐兔子，一辈不如一辈"，越来越远了，这是我在操纵问题上的担心。

≫ 2005年9月，山西孝义皮影团在唐山国际皮影艺术节演出《刘胡兰》

搞这个东西，就像商场卖货一样，到秋季的时候，你就赶紧预备冬季的东西。你到秋天的时候还进凉鞋呢，那你卖给谁呢？我说这个东西就是市场经济，需要考虑如何和市场接轨。现在群众的欣赏水平越来越高了，原来昌黎县赵家馆的饺子可是最好、是第一名的，现在吃着就不觉得有啥味了。不是他的技术差了，而是你的口味高了。过去赵家馆把带鱼当作料，以后有味精了就不用这个了，现在出来一种鸡精比味精还好，人的口味越来越高了啊。原来我使唤锅是铁锅，我认为铁锅就挺好，后来这个铁锅炒出来的味苦了吧唧的，味不是味，我又换别的锅了，现在我使唤纳米无油烟不黏锅，的确炒出来的菜绿莹莹的，烙出来的饼黄澄澄的，的确没烟。现在科技提高了，人家都用新的方法弄了，你用过去烤箱烤东西，可是现在用微波炉、光波炉，弄出来的东西比那个又好了。

同样，人的欣赏水平也是越来越高了，你的艺术不提高就不行。但是提高没有从空中提水的，必须从井里边提，需要慢慢把水打出来。这个井里的水就是传统的东西，必须得继承。现在也有纯净水呀、矿泉水呀，现在中国的水资源已经很差，不够用了，把污水通过处理以后，开始作为工业水，以后作为浇灌水，

>> 齐永衡与学员们在一起

现在有的地方就当饮水了。饮水思源，水从哪儿来的？有人认为喝水嘛就是这个水了，但你喝这个水，可没考虑考虑打井里打上来的水是啥味。打深井里出来的水，喝着凉飕飕的、甜滋滋的，不能把这个忘了。所以，对艺术的继承很重要，要明白它的根源，然后你还得发扬，发扬就是加上一点新的东西。

我对跟我学皮影的学生要求比较严厉，只要不对就要批评，就连我的兄弟永清对我说："哥，你为什么总看不起我呢？"我亲兄弟哪能看不起啊，为什么也说得那么狠、管得那么严呢？都是为了皮影的传承吧。

我这个家庭里的几口人搞皮影，我父亲搞了四五十年，我这一代搞了六十多年了，我三弟也搞了三十来年了，我们为什么搞这么些年呢？就因为我们对皮影都有着一种感情。感情从哪儿来的呢，感情从我个人的爱好、从这个执著这么来的。如果没原先的那个传统，就没现在的发展，这就是我对皮影的认识。

本章小结

本章的口述内容涉及到皮影文化的传承、保存与发展问题，齐永衡指出保存传统皮影则要挖掘皮影老的唱腔，发展新皮影戏要紧随时代，他的这些思考对于皮影戏的后续传承，应该引起重视。

如今，随着现代文化生活的变化，外来文化的冲击，电影、电视的普及，皮影这一古老的艺术形式，似乎相对显得跟不上时代了。自20世纪80年代以来，我曾经对全国25个省市170多个县的近2000位皮影戏老艺人，进行了问卷调查，并对皮影戏活动地区进行了实地考察。收集的近万名皮影艺人的情况中，60岁以上的占90%，他们大多数由于年事已高无法演唱，中年艺人特别是年轻艺人很少，皮影唱腔几乎面临失传的危险境地。

我国的专业剧团寥寥无几，许多县市皮影剧团由个人承包，多流散在偏远地区，只在农闲时或遇红白喜事才能维持演出。由于受到影视等现代文化的冲击，青年观众越来越少，演出市场的萎缩直接威胁到这一传统民间艺术的生存。

抢救和保护皮影戏这一传统民间艺术，内容包括传统皮影的音乐、唱腔、剧本、雕刻制作工艺等方面，同时要鼓励皮影戏新剧目的创新、改革，特别是编演适合儿童观看的新皮影戏，鼓励培养年轻演员，引导用新的剧目培养新一代观众。

或许皮影的整体艺术形式会在今后的历史阶段中逐渐消亡，或许只有少量皮影演出是作为民间文化的传统状态保留，但是从皮影艺术深层的民俗观念、造型意识等方面来说，它也将被今后的现代化生活所吸收，将会变为新的艺术状态而存在。我们谈保留传统文化，重要的就是要以它们作为我们民族文化的根本和基础，从而进一步创造新时期的新文化。

第十章

亲人眼里的齐永衡

本章综述

本章口述内容分为三个部分，其中包括对齐永衡的妻子马秀兰、三弟齐永清、弟子赵广生的访谈。通过他们的口述，我们可以看到他们心目中的丈夫、大哥、师父是什么样的形象，了解一下艺术大师背后的家庭生活，聆听一下令人酸涩的回忆，体味一下"箭秆王"对贤妻的真挚情感、与兄弟间的手足情意，还有他弟子对其在"文革"中所经历事情的感慨与理解、对师父绝妙技艺的认知。

这里记述的都是同一天访谈到的内容。上午在齐永衡家里，老嫂子在讲述的过程中眼中含着泪水。下午在冀东民俗博物馆里，平时很喜欢说笑的永清，却深沉地倾诉着对大哥的无限钦佩。晚上在宾馆里，请赵广生谈到他师父的情况时，其言语中总是透着几分感慨与激动。

（一）贤德老嫂诉家事

采 访 人：魏力群
被采访人：齐永衡妻子（河北昌黎人，采访时年龄74岁）
采访时间：2006年8月24日上午
采访地点：唐山市路北区机场路南楼五号楼，齐永衡家里
在场的其他人：齐永衡
对话简称：齐（齐永衡）、妻（齐永衡妻子）、魏（魏力群）

魏：老嫂子啊，我大哥一年到头总是在外面唱影，家里的事情主要是靠您了，特别在昌黎的时候，家里的老人们都是靠您来伺候，您也是真不容易的，您就谈谈对我大哥的看法吧。

妻：那时候他在外边唱影，我是一年才能看见他一个月：他开春回家，把不穿的棉衣裳送回来，十月一回家再取棉衣裳来，每次在家十天，过年回家再歇十天，就这样，一年看见他一个月嘛。

齐：我那时候一年到头，竟在外地演出，仅仅是春节、国庆节放几天假，才能回家看看。

魏：嫂子说的这些事，是她在昌黎老家的时候，后来你们团搬到唐山，嫂子就过来了，那就好多了吧？

妻：他在团里没退休的时候，我也不在这儿，我就在昌黎老家待着，我得把我的俩孙子给人家看大了呀，你不看大了还中？要不人家对你有意见啊。

齐：实际你嫂子这个人啊，她很支持我这个工作，因为我母亲死得比较早，弟弟妹妹都比较小，她如果跟我一起出去演出去，家里不就不行了不是？所以我在外边演出，她就得在家里头，当时我奶、我姥姥、我姨、我父亲、我父亲的后老伴，几个老人啊都在一块过。我母亲没得早，我们从小就是我姨照看的，等我姨老了，当然就义不容辞得照顾她，我姥姥那儿的舅舅们都死了，姥姥也就奔这来了。我奶奶更不用说，也得奔儿子。除了这些老人，下边还有我妹妹和我俩兄弟，在最下面，我这还有三个孩子，因为她没工作，她文化程度不行，我就是照着家庭妇女这么搞的对象，家里也真是需要她这么个人。

妻：我娘的家成分高，我奶供孙子上学，不供丫头，说丫头是外姓人，结了婚就是人家的人，所以我也没有念啥书。

齐：这么样啊，她可是学了一套家庭妇女的那些东西，针线活可没有她不会的，像缝衣服、纺线、耕织啥的。那时候时兴穿缎子的衣服，活领贴边的那个，其他人哪个也不会做，她就会做，那时候没有缝纫

》2006年8月，魏力群与齐永衡夫妇交谈

机，她扦个边和缝纫机弄得一样，针线活做得非常好，勤俭持家也非常好。除了会做饭、漏粉条、养猪，还会下地耕种。

魏：当时你家没有自己的地可种吧？

齐：她家有地，家庭成分高，但她家老人不叫女孩子念书，让儿子念书。她的二姑子和老姑子，还有一个表姐、一个表妹，和她小时候一起长大的，那要求得非常严格，"耍大板"[1]都不能耍，就是这样一个家庭。她这样的家庭环境、她受的这套教育，养成了她勤俭持家和孝敬父母的品质。她也正适合我家的情况，几个老人和我下边的兄弟妹妹都需要照顾。我母亲死得挺早，我那个小兄弟几岁，我那个二兄弟也几岁，我妹刚十来岁，我也十多岁，一家子是这个样子，如果搞个有文化的、上学的对象，恐怕就过不了不是。我根据我家的情况，我就物色了她。我就是冲她这一点，我们俩就结为夫妻了，我要是没她这方面的支持的话，我的事业也成不了。

魏：老嫂子，您老家是哪儿的？

妻：就是咱们昌黎的九龙山马庄[2]。他常年在外面唱影，挣了钱就给家捎来，钱不够的话，我就做小工去。

齐：那时候我们家里挺困难，就是那个年代，也不光咱们家那样啊。

妻：一家十来口人，他一个月就捎回来40块钱，房子是人家房产的嘛，还要付房租。没法了，我把饭做熟后，就再做小工去，我只在建筑上找活，不到别处做，因为那活挣得多点呀。

齐：她年轻的时候，反正也是苦熬苦拽吧，那个年代、那个环境，家里头有几个好过的呀，有的连饭都吃不起，是不是？凑合着把我的妹妹一点点照顾大了，就结婚上秦皇岛去了。那时候做衣裳啊、棉鞋呀，我妹妹也都是让嫂子给做。我这个二兄弟和我这个三兄弟，那时更小，更不用说。我的三兄弟从小孩时，都是她给拉扯大的。（此时老嫂已经含泪）

她说的一点没错，我每月往家捎40块钱，那时我的工资就算比较高了，那个年代我挣81.82块钱呀，

第十章 亲人眼里的齐永衡

陈奎章挣81.12块钱，李春荣挣81.82块钱，高荣杰挣90多块钱，我们那时候算比较高的了。那时候在外边演出去，没有其他补助，我在外边留上三四十块钱，买点东西啥的也挺紧张，给家里留40块钱也挺紧张。她没法了，就把家安置安置，再做小工去。自己在外边忙活皮影的事，那么家里什么事，也都不用我操持，娶俩儿子媳妇，都是等结婚那一天，我才回家去的。

魏：您儿子结婚之前，您什么也不管？

齐：不是什么也不管，我经常在外边演出呀。俩孩子参军是同一天走的，那时候我正在广州，家里边什么事我都管不上。

妻：（已经眼含着热泪）开始，我们大小子要考大学，人家不叫考，人家讲工农兵学员，没法了，就到张各庄下乡了[3]，一去就让他当了小队会计，完了就又当大队会计，因为他是高中毕业，文化程度可以。这回一看上不了大学，后来就到沧州当兵了。我在白天送走的大小子去当兵，晚上就送二小子也当兵去了，二小子是到新疆乌鲁木齐，俩人都是同一天走的。

他们当兵回来以后搞的对象，你大侄倒是有农村的给说对象来着，我说不中，咱不说别的，咱也不是农村的人，咱也不指望在农村扎根，娶个农村的干啥，这回等他复员以后，就娶了方士泰的闺女，他闺女在朱各庄水泥厂，后来就结婚了。二侄的对象是高中毕业，在学校搞的，原来我也知不道，回来了才知道搞对象了。

齐：那个时候，我成年的在外面，每年在家仅仅待一个月，一年里分几季在家才呆一个月，家里有什么事都找她。我那时候也没啥钱，这一抻那一拽的，一个月我还得给我父亲10块钱呢，那个年代，钱不够了怎么办呢？没办法了，她把孩子们搁家做小工去，她这样呢，实际上就是支持了我的工作了。她如果说家里头这样不中、那样不中，我工作也不安心不是，我的工作算有了成就，功勋章有我的一半，也有她的一半。

妻：那个时候，周围也有看我热闹的，有一个姓谢的，她儿子结婚了，她看我的俩儿子没有结婚，总笑话我呀，说你要房子没房子，要啥没啥，咋整呀。实际白天我去做小工，晚上就在里屋做被子，我早就把孩子结婚用的新被褥都给做出来了。那时候一个孩子结婚5000块呀，5000块钱呀，我都给准备好了，要不那个时候就不好过啊。

魏：我大哥是光顾自己的艺术了，家里事都是老嫂子管了。

齐：家里我真是什么也不管，要是我管这些事，就没有时间、没脑筋研究皮影艺术了。有时候我订个影人也好，她还帮着我订呢。

妻：我那时候要跟他学拿影的话，不也就是拿影的了，那时家里没办法呀，一炕的婆婆：姥姥、他姨、

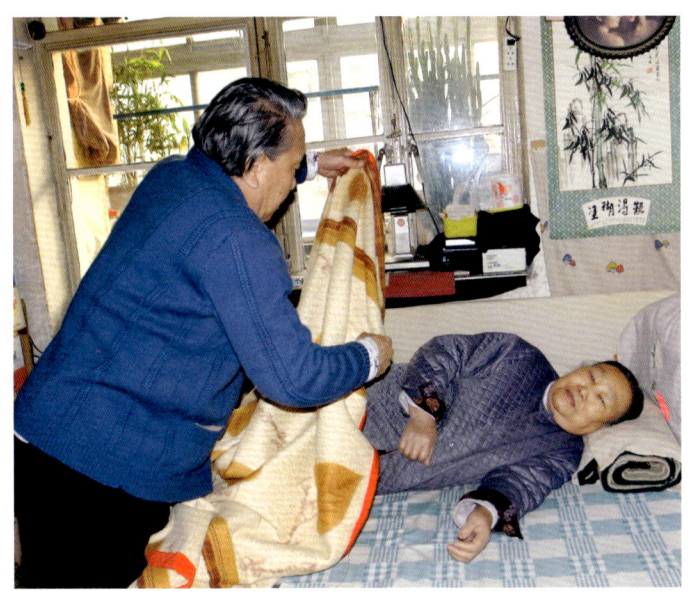

▶ 2007年1月，齐永衡在家照顾生病的老伴

他奶……

齐：几个老人都在一块，冬天时做高腰的大棉鞋，一人一双都是新的，黑夜白日做，一做就做半宿啊。

妻：那还赶不上穿呢。

齐：兄弟，你看她这脸是不是有点浮肿啊？现在让你嫂子吃药吧。这水是磁化的，我早早把它磁化上，吃药的时候，我给搁到跟前，吃完了我再把水拿过来，我就是一个挺好的保姆啊。哎，你多喝水！多喝水！你平时不是喝不进水去吗？送药你多点喝水！

魏：刚才老嫂子跟我念叨说，她现在给你添累赘了，我说她都照顾你一辈子了，现在您照顾她也是应该的。

齐：她照顾我是次要的，而我奶、我姥姥、我姨、我父亲，还有我父亲以后又找的老伴，这是五个上年纪的人。下边还有二弟、三弟、妹妹，那时候我三弟刚五六岁，我妹妹十来岁，再下边我这三个孩子：大小子、二小子，还有闺女。

那时候我挣的是工薪，开了工资，把钱给家捎去。她不仅把上年纪的人都伺候故去了，也把我的孩子们都照看大了，真是不容易。实际你嫂子在那个年代，为了我们家做了很大的贡献。

魏：您现在是国家干部离休了，老嫂子可是啥"休"也没有啊。

齐：那我给她开支啊，哈哈！永清从小一点点到现在，与她嫂子有感情，待会儿又该来电话了。他总打电话问候他嫂子："嫂子你吃饭了没有呀？嫂子你下去走走去，多喝点水。"还吩咐我："哥，你得给我嫂子治啊。"我说："一个劲儿地跑着治呢嘛。"一天就得打来两个电话，为什么呢？这是从小时候培养

▶ 2007年1月，齐永衡在家下厨做饭

出来的感情。那时候她上她妈家，每次都得带着我三兄弟。那时候不光管做鞋，就是连擦屁股，都得给擦去。

魏：真是老嫂比母啊！

妻：那你说要不咋着，到这家人家了嘛。

齐：那时候我要把她带出来，跟着我拿影的话，现在起码也是副高了，呵呵。可是不中啊，家里都需要她照顾啊。

魏：您父亲从戏校回家的时候在昌黎，我印象特别深，那还不都得老嫂子照顾。

齐：那时家里脱离不开，所以现在可啥事都是我干，整个的我伺候她呢。早晨起来端水让她漱漱嘴，吐到痰桶，吃药。现在孩子们都很好，都挺惦着她妈，前天还买了这么大的海螃蟹。

按理说，现在我们家挺幸福的，大儿子家有大儿子、大儿子媳妇、大孙子、大孙子媳妇、重孙女，一共5口。二儿子家也是5口人，我们这边加上闺女、姑爷、外甥也是5口人，全家一共是15口，这不挺好嘛。说句实在话，我现在什么都不缺，孩子大人都非常可心，只是她身体现在是这样，她的生日是旧历九月十四，还有两个多月呢，争取在她生日之前，让她恢复好了，然后孩子们都来给她祝贺生日，祝她生日快乐！

≫ 1973年，齐永衡夫妇与孩子们的合影

≫ 1995年，齐永衡全家一起过春节

≫ 2005年，唐山国际皮影节上齐永清表演皮影戏《火焰山》

（二）永清说："啥都是大哥教我的。"

采 访 人：魏力群
被采访人：齐永清（齐永衡之三弟，河北昌黎人，采访时年龄60岁）
采访时间：2006年8月24日下午
采访地点：唐山市冀东民俗艺术博物馆
在场的其他人：齐永衡、博物馆其他工作人员
对话简称：清（齐永衡三弟）、齐（齐永衡）、魏（魏力群）

魏：我刚与老嫂子聊过了，现在还得请您谈谈大哥呀。

清：我搞皮影是受到家庭的熏陶，因为老人是干这个的，我大哥又开始干这个。传统的皮影，原来是单秆的马，后来通过他的研究，通过他的改革，马可以迈步、可以跑。另外，还有这个马上啊、步下啊，他都有他新的招式，我干了这一行受了他不少的传授。

这么多年，下乡演出也好，在城市里演出也好，观众对他的印象非常好，尤其是到国外。1985年我们到法国去演出，外国人评价很高，说他耍的皮影属于魔术般的招式、闪电般的艺术。我们有一次去德国表演，一个德国人突然站了起来嚷起来了，当时我不知道咋回事，我还以为是演砸了，可咱们看着演得挺好的呀，翻译说这个不是演砸了，而是说再来一个，还没看够齐老师的表演。

大哥通过他这个改革以后，从皮影的表演手法上有很多独到的东西，我的这点成绩，不都是我大哥教我的。

魏：您跟大哥差多少岁？

清：13岁。

魏：您跟大哥一块搭手几年？

清：1983年合并了以后开始在一起的。我原先在秦皇岛影社，1980年从秦皇岛到的地区，1983年从地区皮影团随地、市合并到了一块的。

≫ 2006年，在冀东民俗博物馆齐永衡与齐永清表演皮影

魏：地区团当时是不是在玉田呢？

清：是在玉田，玉田接收的那个团嘛。

魏：从1983年到退休这段时间，你们基本上都在一块了？

清：都在一起。在我小时候，家里有影人，他也教给我怎么个表演法啥的。另外不但光是我，而且我这个儿子也是他教出来的，他现在去日本了，去了4个多月吧，最近要回家休整休整，可能9月份还得去。

魏：齐东兴？

清：对，这回东兴在日本和人家合作要演8个月。这次去了4个月，回来休整一下。我儿子的这个手法就是他这个大老爹给教的。我细想啊，为什么大家称他为"箭秆王"呢？为啥底下观众鼓掌、那么欢迎呢？那时候我也忒小啊，我也不懂这个，以后加入到这个耍皮影的行列啦，才能够仔细品味到他技术的高超，大哥的东西真是挺有意思的。

魏：大哥的艺术成就很高，在国内国际上都属于是拔尖的。

清：的确很有影响。大哥是1982年到法国讲学去了，我1985年才和大哥去的法国，那会儿我大哥可能有点事，没在场，当时有一个曾经跟他学习过的一个学者呀，还是专家呀，挺激动跑到我跟前去了，握住我的手，说的话我也听不懂，讲了半天，我莫名其妙呀……翻译后来告诉我，是他把我当成齐老师了，因为大哥不是先去给他们讲学了嘛，好像我们哥俩长得像点，才闹这个笑话。

魏：像大哥创新的东西，你在身边看着有哪些？

清：原来马是一根秆，它的腿不能迈，只能滴里当啷的，通过大哥的改革呢，又可以迈步了，尾巴也可以晃了，还可以刨蹄呢；还有杨子荣打虎上山的那个，虽说不是带线的马，通过他这么改革，前面有操两个马腿的，后边一个握着秆的，杨子荣上场，这个马跃起来这一嘶鸣，再配上音乐，就非常的形象。通过他的研究呀，把戏剧的东西都搬到皮影上边来了，还有"双枪打出手"，这都是戏剧里的套路，他把它搬到皮影上，连踢带拨非常好，通过学习他这个，我也这么表演了。

魏：到农村演出这个是什么样的反应？

清：农村也是非常欢迎呀。现在通过改进，影人的眼睛可以动，影人嘴可以动，鼻子什么都可以动。另外咱大哥表演的这个水袖，也有点戏剧的意味，搁了水袖以后，他这个表演又上了一个层次了，尤其不光是这个传统的，而且现在演的那个《熊猫咪咪》呀、演的《鹤与龟》呀，都非常的形象，群众非常的欢迎。

≫ 2006年8月24日，在冀东民俗博物馆齐永衡、齐永清、魏力群合影

魏：我印象最深的就是看大哥的《火焰山》中孙悟空耍棒子。那个时候，看着真叫好。当时是在昌黎演的，我觉得用的是一尺二的影人，他把那棒子都快耍飞了，然后换手再一接，那个印象是最深的。哎，一会得让三哥给我表演一段啊。

齐：永清在这几年的表演当中提高很快，现在也被国家聘为二级演员，是副高了。你看他现在在民俗馆教的学生，拿影人也好、表演也好，都不是过去那种老式的方法了。

过去老师教表演皮影，没有一套什么整齐的方法，都是我要你看，就是跟我学了。如果窗户纸捅破了你就学会了，可是这个窗户纸很不好捅，如果捅破了就是你了解了，这样你才能自如的表现。现在永清表演皮影就挺好的了，知道怎样演人物了，他也能够进入人物了。他给开滦皮影团帮忙演的那个孙悟空，要学猴子的那些动作，过去他就没有那些东西，现在有很大提高了。

（三）"黑摸练功的师父影响着我一生"

采 访 人：魏力群
被采访人：赵广生（齐永衡弟子，北戴河人，采访时年龄50岁）
采访时间：2006年8月25日晚上
采访地点：唐山市翔云宾馆
在场的其他人：唐山摄影家成贵民
对话简称：赵（赵广生）、魏（魏力群）

1. 困境中艰难的支撑造就了师父的成就

魏：广生啊，咱们以前聊过不少，现在我想听你谈谈齐老师的情况，特别是"文革"期间的情况，我感觉齐老师自己不愿意谈似的，他几句话就给一带而过了。

赵：齐老师他之所以成就这么高，我觉得是两点：一个是他的天赋——聪明；再一个用今天的话说，就是思维超前，其实最根本的一个东西就是勤奋。我跟老人家相处这么多年，在我学皮影人操纵的过程当中，我认为这三大法宝是他成功非常重要的方面。而他把什么名啊、什么利啊，并没有看重，他也不去争这个。尤其是在我刚来剧团的那个时候，我记得我们老师还那样呢——让他烧锅炉呢，当时的那团长，还不怎么让我们叫他老师呢。

影戏箭秆王
第十章 亲人眼里的齐永衡

> 赵广生与师父同台表演皮影

魏：那时候谁当团长？

赵：肖春和呀，那时候不让我们管齐老师叫老师。那时候我还是小孩子，不明白事，齐老师都那么大岁数啦，还是我们这一行当的，还不让我们给他叫老师，这是什么道理呀？以后知道了这是"文化大革命"，当时咱们也小，对社会形势不明白，剧团说他是资产阶级权威、黑五类，在那个时候他仍然在完成他的工作。实际上我前边说的让他烧锅炉呢，也就是这个时候。

剧团的锅炉不大，充其量直径有60公分，这样圆的一个锅炉，不说它烧多少煤，但都是从楼下抬煤到二楼嘛，完了再把烧过的炉灰跟打扫卫生的垃圾抬下去。他原来都跟一个年轻人一块干这些活，那年轻人好像是团支部书记，比我们年岁大，那时候20多岁吧，那时候老爷子就跟那小伙子一起干。每天早上等大家都起来，水已经烧开了，烧开以后把炉子也闷上了，把清好的垃圾一大筐抬下去，再把煤抬上来，那两层楼梯都是这样（比划坡度）有坡度的。原来我们那儿地震前，我不知道你去过没有，就是小山那边，那个楼梯多直呀，搁肩膀上没法抬，得举起来，完了回来这样往下抬。到中午大家该下班了，他把炉子捅开，再把水又烧开了，大家都快吃完饭了，然后他自己才去吃饭。

所以，那时候我觉得挺不公平的，这么有才华的人，怎么这样？可能是社会原因，没有办法。但我师父也不能说他没有缺点，但他不至于到那个劳改的份上，或者不让我们叫师父，说他是什么什么权威，他有啥权威呀，就是到演出的时候，主要靠他演出，到排戏的时候，指着他排戏。我特别记得，排任何一个戏，整个舞台调度，全是齐老师的事，你说他是什么乱七八糟的权威，那你排戏就别用人家呀。

我也曾遇到好多人生的坎坷，反过头来想我师父那时候呢，毕竟我还要比他好过得多，所以说我就想到他老人家了，他那时候更难！太难了！确实是太难了！

老爷子在那个时候，有着那么大压力，他仍然在完成他专业技术的工作，不但完成他自己的，还完成整个屏幕的全部设计，我认为这是难得的。因为在艺术上我也确实从他那儿学了好多东西，我不但是光学习艺术的东西，还要学他做人的一种意志、一种人格，你怎么完成你的艺术工作？你是哪一种心态？用今天的话说，用哪一种思维方法？我不知道我师父当时是怎么想的，不管什么思维方式，他都把这个工作完成了，当时他就抬不起头来，那还能这样做，这是最令人感动的！我说他的成就，可不是说一帆风顺的。

≫ 乐亭县皮影团表演的皮影戏《三打白骨精》

在新中国成立前，他从事这工作就是为了吃饭，为了一家子能吃饱，才去东奔西跑，老人家给我介绍过这些。那么在新中国成立以后呢，又承受这么大的压力，以后又成为了大艺术家，在国内外都有了特别响亮的名声，可以说我老师的经历实在令人感慨。

咱们国家专业团体中，人家湖南的那儿是省级的，哈尔滨那个原来也是省级的，以后变成市级的了，还是"文革"以后变成市级的了，那时候人家两个是省级的，就唯独唐山这个是市级的一个剧团，北京的人家是北京宣武区的，人家北京宣武区并不比唐山的低。但就这四大家专业剧团，通过我了解，跟同龄人或比我稍长的人接触，能够在"文革"当中挺过来的，特别是大艺术家，今天我看我觉得只有齐老师。在那个年代他为什么能支撑下来？他是怎么样的在这儿支撑着？

说真的，如果当时他要不挺着，他要自私的话，"咳，你爱怎么样就怎么样吧，反正我自己不好嘛"，我觉得这事业也就不发展了。现在说起来唐山皮影是个事业，都是与他个人努力分不开的，要没有他这杆大旗，要没有他这个人在这里立着，那你说唐山皮影飞跃，你给我飞跃看看啊？没有他这个人的努力，你说你唐山皮影在表演上，发展到现在也可能更好，但是我想那只能说说而已。唐山皮影在表演上到我们这一代，或者我们下一代，能够在全国这几大家中站住脚，我想是不可能的，这是我的真话。

事实上是老人家做出努力了，是他做出了牺牲，他牺牲了个人的好多东西，而不是一点点。那时候我觉得老师的日子也不好过呀，我师父的大儿子，我得叫大哥了，他二儿子比我小一岁，那个时候都是正多吃饭的时候。在社会上吃饭得凭粮票，买其他东西也都得凭票，那不容易啊，因为凭粮票吃饭就很麻烦的，他们都算是市民，都吃不饱的。所以我师父生活上还得先固定自己留多少，回来就都给我师娘寄去。好像那时候，他每月开82块钱。那时候好像农村人均生活费是7块钱，城市是12块钱，而且在剧团劳动量这么大，他就给自己留一部分钱，其他都给师娘寄去。那时候我师娘的负担也特大啊，她跟我说过一回，那时候师爷也在世，还伺候好几个老人呢，我那个师妹还小呢，俩年轻小伙子到时候就要吃的，不吃饱了是不干的，而且穿衣还费，这个生活环境可以想见。所以我觉得，在家庭生活方面也跟工作单位一样，他要不做出自己的牺牲，要不推动唐山皮影，特别是表演艺术往前进一步，那是不可能的。

我想我如果将来要写关于他的书的时候，就详细地记录一下他抬大煤筐、烧锅炉，写写他当时抬大筐怎么样一个走法、带什么样的手套、手套怎么换、什么时候才换、为什么跟这个人抬大筐，这些东西我都要详细地记录下来。

魏：我知道你和你师父在皮影表演上配合是比较默契的。

赵：我上戏挺早的，我跟我师父合作，我拿下影。准确地说应该是在1977年，也就是排那个《三打白骨精》第二稿的时候，我就和我师父"打对面"[4]了。你说我一个小年轻的，跟师父打对面，其实我压力挺大的，但是老爷子把每一个设计程序、每一个动作都说到家了。尤其对我来讲，他那就得说到家，如果不说到家，他不手把手教我，我也不知道咋弄啊。他必须得先做示范啊，说这动作是这么来的。但是做这动作究竟是使哪儿的劲？那时间根本没有那么富裕，需要我慢慢地体会。齐老师拿上场门，我就拿下场门。后来直接提到跟师父打对面，成为上下手了，除了打对面做活，剩下全都得帮着做，这样对我个人压力也是挺大的。

我记得最清楚的是现在的《三打白骨精》演全了以后，成9场戏了，其中的第6场戏，有白骨精在导板中上场的动作，影人穿一个软靠上场。皮影戏不同于舞台，影人的小腿来回的分开合拢，这都是老爷子手把手教出来的，影人的这腿到哪儿？用什么劲儿？主秆上用哪儿的劲儿？这个秆你用头上去，还是用腰上去，还是用下腿上去？除了要掌握平衡，其实操纵过程当中重要的是你劲儿使到哪儿？因为这个是非常讲究的，他老人家任何一个细节都教给我。包括那时候演样板戏《龙江颂》、《杜鹃山》、《红灯记》，还包括我们排的现代戏《水乡游击队》。《红嫂》在那时候没形成样板戏，以后叫《红云岗》，这些所有的现代戏的整体设计，全是我师父做的。

魏：谈到皮影戏出国演出的话，他应该是唐山一带皮影艺人中出国比较早的吧？

赵：是，那是1982年他到法国讲学。

魏：因为他出国以后，才带动唐山皮影剧团逐渐出国，应该这么说吧？

赵：应该是，绝对的。这个问题吧，要是狭隘点说呢，得说是老人家的功劳，要广义一点说呢，是他

▶ 1986年，赵广生参加齐永衡与倪萍的访谈

们这一代人，或者说前辈们努力的结果，这是客观地说。但是从皮影表演的角度说，绝对是老人家努力的结果。因为1982年去法国，他到夏尔威尔市木偶学院讲学，世界上9个国家学员听了讲课以后，那轰动了，这是他回来以后亲口给我讲的，皮影戏能表演成这样他们没见过，这是真实的，一点假的也没有，而且当时的文化部翻译以后，整个情况还发过传真文件来了，反响挺好，包括报纸。从广义上来讲不能是个人功劳；从狭义上来讲，就得说是他老人家带动唐山皮影走向了世界。所以说在皮影表演艺术上，他是有特殊贡献的，他成艺术家，不只是天赋，他人生的坎坷磨难锻炼了他的成长。

2．师父绝妙的技艺——捻功

魏：我还想了解一下你们排演《鹤与龟》的情况。

赵：当时地震前在唐剧团有一个叫杨飞的，这小伙子素质不错，当时就想培养他给作《鹤与龟》的这个曲子，结果这个曲子刚刚录成第二稿，就地震了，这个人被砸死了。当时地震以后，在8月17号就集合全团人，说上广州交易会给开幕式演出，文化部又直接下的指示，从河北省里到唐山市、到文化局了，虽然刚刚地震了，但唐山这事必须完成。所以8月17号以后，把所有的人马，包括在各地养伤的演员全部调回去。当时给我就拍了三个电报，因为当时电报也不好通呀，其实第一个电报就接到了。

那时候排演《鹤与龟》的导演是张新佑，是原来京剧团的一个导演。此外，韩溪老师就接了作曲这个事，整个曲子是韩溪老师写的，而且是用秒表按时间掐出来的。

魏：你知道韩溪改革以前的曲子是什么曲子吗？

赵：原来是这样的（唱）。我们的导演张新佑，这个老爷子挺有脑筋，他还有特别大的习惯，他一想"道儿"的时候就用手摸鼻子，再有一个习惯就是说"他妈的"。那时候我是小孩子嘛，地震我虚岁二十，周岁十九，所以他改这个戏的时候，我特有印象。老爷子总摸着鼻子走，"这个问题怎么办？"因为那会儿改编《鹤与龟》时，人们的意识观念里对文化还有个思考呢。因为本来仙鹤是吃青蛙的，但这个剧里偏偏让仙鹤帮助青蛙、喜欢青蛙，小青蛙被乌龟咬了以后呢，这仙鹤拿嘴把小青蛙搁在大青蛙背上。就这一个动作加上以后，演员们不说是不说，但私下也有好多说法的，有的说："青蛙配对才叠罗罗嘛。"有好多笑话，演员们不说，但都在乐。但是在观众场里头，可就接受了。这原来的《鹤与龟》也配俩青蛙，但当时青蛙就是

> 唐山著名作曲家韩溪在2005唐山国际皮影节研讨会上发言

个跳跳、游游，鹤一来青蛙就走了，不存在仙鹤再救它的问题呀。

魏：原来湖南最早演出的这个节目，是乌龟把仙鹤咬死了，认为乌龟是正义，那是人家湖南的结局。咱们唐山这边改成仙鹤是正义的，最后战胜了邪恶的乌龟。今天我跟齐老师谈了这个问题，齐老师跟我说了一句话，"我们曾经三下湖南、两去黑龙江，第一次去湖南我就学了去"，他很客观地说这个话，后来发展是后来的事情，他去动物园体会动物习性之后，在表演上他才有了自己的东西。

赵：那个老爷子啊，他研究这东西呀有他的特点。那时候我们剧团排那个《红嫂》，剧中人物负伤以后，红嫂发现血迹，其实到皮影窗户上都是虚拟的东西，伤员从这过去了，红嫂唱到："草地上斑斑血迹"，齐老师的操纵跟唱腔是同步的，操纵表面看很简单，就是影人的手一点一动的。如果你没有基本功，那动这几下就是很困难的。当时我学这东西的时候，其实我还是小孩，我就想老爷子这东西是怎么比划的？以后我们爷俩交流的时候，我说齐老师那个手劲儿在哪儿啊？他说就在皮影人和手接触的线上，你定的长短，定长了你多捻几圈，定短了捻一圈就够了，完了你往外捻，这个手就自然是单纯腕子动，这手跟真人手一样那么指。那我就这么实践了一下，确实如此。这个消息我就反馈给老爷子啦，老爷子挺高兴。其实就是他通过长期研究，他就模仿这个真人的感觉，最后用影人给表现出来了。

后来我们又排了一个《水乡游击队》，有一个划舢板靠岸的动作，用一个船桨，那么一带呗，其实皮影戏也没有办法像舞台上做扔船板的动作啊，但齐老师表演中，影人把那个船桨一支，影人再一回身，正好，随着锣鼓点，他就把这船桨往里一送，跟舞台这感觉是一样，但又有皮影的特点。但皮影戏你得自然一送，然后这个人就到岸上了，其实当时我很小，只有十七八岁，但这东西我记得，以后我们爷俩就回味这些事，我曾经问："你当时回身送这船桨，跟《红云冈》红嫂斑斑血迹这劲儿在哪儿呢？"老爷子说："劲儿就在这呢，你看这线"，我俩拿影人比划，"你看这线，往回捻一点，再捻回去就来了。"因为那时候我是个学员，当我有一定

> 赵广生在中央电视台《重逢》栏目谈向老师齐永衡学艺的情况

基本功之后，遇到关键的时候我就要问了。

  魏：你说的是拿棍儿和手中的线。

  赵：对呀，就是那装订的线，或长或短的，如果长的话你必须向里转两圈，把它捻住，然后你再往外捻，就是捻回去。它是在一个非常小的空间里的一个运动过程。

  魏：那就是捻完之后，线和秆之间绷紧了。

  赵：捻秆这劲儿，他控制在腕子和手之间，其实唐山皮影戏是一个绝妙的东西，就一个字"捻"。你看操纵任何东西，包括刀、枪、棍子等道具，你就放到手里来吧，全是手捻的事，这一点差没有！所以我跟老人家合作了25年嘛，然后我们爷俩离开到现在又有10年了，时间验证果然如此，任何一个东西，你不拿手去捻，或许也中，或许也可以做出来，但是你的东西就不是柔里透刚，而是支楞巴叉的。

  魏：我经常到台子上看别人表演，就传统影人的操纵来说，民间班社一般是往下压这个秆，演员说话时，影人就是对应颤那两下，有时候说话就对不上，它就不柔和，不像真人说话的感觉。而齐老师把影人的秆一动，就好像影人真的在说话。我曾经拍了不少关于他的录像带，也拍摄了许多他在后台表演的镜头，而且他的表演专辑也出版了，你可以看出，那动作不是颤动，而是捻动的。

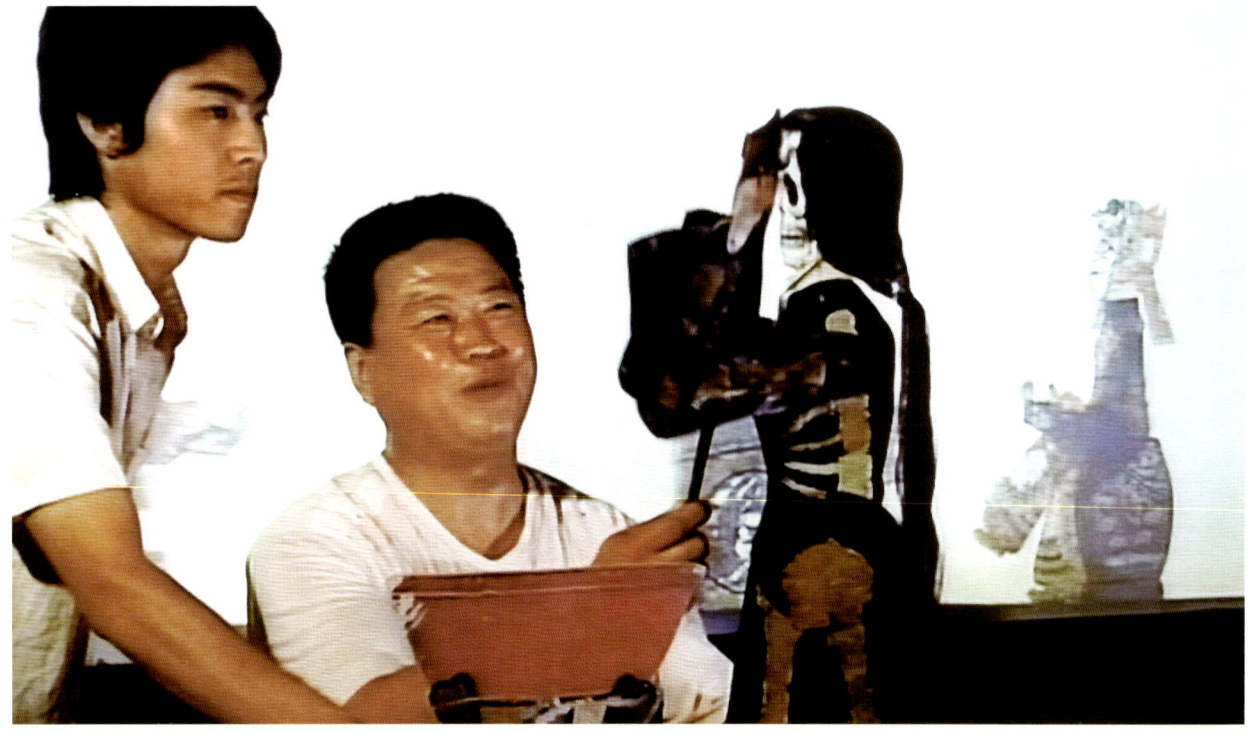

> 赵广生在中央电视台《重逢》栏目谈皮影的表演问题

赵：他全凭大拇哥和二拇哥捻动这个感觉，所以他这样出来以后，就柔里透刚。比如说齐先生拿这个单刀"套子"[5]，那刀的位置绝对准确，而且这个刀下来以后特别有力度，就是老头跟我讲这事，他说："你表演砍人时，没有腕子和刀把一般平的，你要砍一般平的话，绝对使不上劲，这东西非得砍下去以后，最后使腕子这一压，这一下子按下去他才有劲儿呢。你的刀、胳膊、手都一般平，这个你肯定没使劲儿，也使不上劲"。所以他说这道理，你不这样根本就不中。咱们唐山皮影这个大刀跟这个长枪，你不搁手指头干活，光胳膊和腕子干活，那不中啊，到最后啊，就把你自己累死，你也拿不好。

最后我们爷俩一分开了以后，这10年了，不用告诉多了，老爷子告诉这一句话就值千金！他把最根本的东西告诉你了，东西就在这里。

在1973年的时候，"文革"后期，刚允许排这些神话戏了。那时候正好市委说要慰问二十四军去，让唐山皮影把《三打白骨精》这个戏恢复起来，等恢复起来以后去慰问二十四军。当时二十四军有规定，最小是团级干部以上才可以看《三打白骨精》。韩溪老师当时属于唐剧团的作曲，他成分不好、家庭出身不

› 赵广生在中央电视台《重逢》栏目谈老师齐永衡曾经躺在被窝里练功

好，还在五七农场挨斗挨批呢。后来把他抽回来了，只能允许他做地下工作，这个地下就是说，你光做工作不出名，咱皮影也正缺作曲的，那时候皮影也没有作曲嘛，《三打白骨精》需要一段曲子，韩溪老师把京剧的《夜深沉》改到皮影这来了。

那个时候我就开始接触这戏，有一次我看见齐老师躺被窝还练功呢。其实他跟我不是一个房间，我们年轻人一个房间，他在另一个房间，我记得他们也是三个人，有陈奎章老师、赵连江老师，他们仨人一个屋。其中两个是操纵老师，一个是演唱老师。我们去了他那儿以后，齐老师躺在被窝里没睡觉，手上正拿着俩影人使的枪练呢。我不知道他把枪从剧场拿回去了，原以为他是休息了，哪想到老爷子睡觉了，手里夹着就练这个枪。那个时候齐老师三十八九岁，现在我就想这个问题，今天我都50岁了，老爷子他干了一辈子了，13岁他就开始干操纵，你说快40岁了还练呢，还是拿俩枪在那儿黑摸咕咚的转呢。这是为表演《三打白骨精》中两猴双枪对打而练功呢。我老师他确实是聪明又有天赋，最重要是他勤奋呀，真练啊。这个事整个影响我一生，我明白了：哦，老师之所以功夫这么好，之所以他能够成功，东西是这么练出来的。

3. 徒弟对恩师的理解

魏： 你今天讲得挺好啊，我也曾经启发齐老师谈谈他自己关于人生的理念和对命运的抗争，但他却没有谈。

赵：他不谈啊！为什么我今天晚上跟你要聊到老人他的背景呢……过去老话讲的"教会徒弟，饿死师父"。旧社会老艺人表演都是为生存，如果这个台口给我二斤小米，那个台口给我二斤半，那么有二斤半的我就不干那二斤的。老艺人如果教会徒弟之后呢，同样的手艺，人家当然用年轻的，而不用年老的。所以说我认为：他们受这些摧残太重了，而不是他们不想教，也不是他们不愿意教。咱们想想看，他们这一代人的经历，包括上新中国成立之前的社会动荡，再加上"文革"政治运动的迫害，人们要是承受不了了，那就得弄到精神病院去，所以说人的生活是很难的，是那种背景、那种社会形势，使老人们形成了一种东西，是很复杂的一个东西，不是单一的。所以说不能怪那些老人们，他们为什么不教，是那些背景把他们那破碎的心灵弄得太乱了，几乎碎得都很难拾掇了，我认为是这样。

魏： 我倒是有一个体会，教学生是教一般方法，然后底下还得靠你自己去练习。

赵：老话说"师父领进门，修行在个人"，就是老师人家把什么都告诉你了，不能说要整天的手把手吧，整天的口传身授，那谁受得了啊。说实在的，我跟我师父在一起搭班、一起工作的时候，那演出任务太频繁了，在市里几乎待不了几个月，一年全都是在外边演出，一出去就是一两个月。每人都有繁重的演出，累得根本都过不来劲，他怎么教你呀，和他一起工作就是你学艺的过程啊，反正我跟老人家学习主要以看为主，到最后我通过实践以后，如果还是忒不明白了，我再问问他："老师，这咋回事呀？"他就跟你说这怎么怎么回事。

那还是丁振耀当团长的时候，我还没有怎么表演过传统影，齐老师去法国讲学了，丁团长说你"掌卷"[6]吧。我说："让我掌卷？老影人我都不认识。""那你自己想法去"！所以我找张凤阁老师，下午学习，晚上挑影，问好影人出场时，那些张三、李四，谁啥样，穿啥衣裳，拿笔一点一点记好了，晚上挑影人去。魏老师，那你知道啊，百十上下戳子和影人脑袋一堆，你找去吧，找完以后，再问张老师："老师你看这对呗"。张老师告诉我：这人穿这个、这人穿这个，到这儿换这个。那时候正演《杨家将》跟那《紫金冠》呀，那个时候是我锻炼的好时候。

等老人家回来以后，我这底气足了，我说老师，我演老影来着，还管挑影来着。他说："啥？你管挑影？"我说："啊，你不信吗？""那我不信！"我说："那你得信，我真干了。"我说张凤阁老师每天教我，每天下午两点必须到他家。"啊，你跟张老师学习那没事，他都知道。"就这么着，这回知道一点，以后再演传统影，大路子就知道了，详细情况不知道的再问呗。你比方说《恒秀锦杀楼》那段，当时表演曹宝酒醉卧床的时候，但是影人一般都往凳子上一搭，我说："这人应该躺在床上，现在搭凳子上，这不对事吧？"他说："咱们皮影就这么厉害，虽然是凳子，但有时候就得当床。影人就在场面上表演，那你不能拿里边躺着去呀，里头躺着你咋弄呀，这凳子就得当床了。"哦，我逐步明白了怎么虚拟、怎么虚进虚出等等。所以说，有好多东西呢，你不能整天盯着老师问，"修行在个人"，就看你自己怎样去研究它了。

魏：哎呀，你这个大徒弟，真是能理解师父，能够客观地从社会角度看事。

赵：倒不是，这个是我经历的事实。

魏：不瞒你说，过去有人跟我反映，说齐老师对几个徒弟有保守的地方，不全教。我的意见就是要客观地看，刚才你说这个我很赞成。

赵：他保守？不能说他保守，他自己都胡噜不过来呢，他脑子上都是蝇子呢，那你说，他怎么弄呀，他还教你呢。

魏：我也教学生啊，我教的都是那些传统的基本套路，凡我正在研究的、变法的东西，还没定型的东西，那我怎么教啊？

赵：是这样，即便说定型了，教那些东西还有个人意愿吧。我现在也接触到年轻学生了，我就跟他们讲，我这人以后不存东西，我说我学东西的时候，主要以看老师的为主，老师干活呢，就是教你的过程，不能说，"来，你学学这个来"，我这拉过来就给你讲。其实你应该注意观察：老师这会儿是怎么干的？那

影戏箭秆王　第十章 亲人眼里的齐永衡

会儿怎么干的？他这手是怎么待着的？为什么他这么待着呀？你得下来研究啊。那你非得拉着老师总问："老师这个咋回事？"或者你通过其他手段，都没有用，你都不能学到最根本的东西。

我觉得最根本的东西，就是去研究他为什么要这样动？是什么样的人物？是什么样地位？什么样的身份？谁跟谁是什么关系？在事件发生过程当中他是在什么角度上？必须要研究这个呀，如果研究不了这个，你到最后什么也不明白，就是有几个老师告诉你了，你最后也是一个傻子。你必须自己搞明白了为什么，把这些为什么回答清楚了，好了，这就变成自己的东西了，你就进到这里面了。

魏： 早些时候，我就觉得你是他学生中掌握操纵最好的，通过现在咱们又聊聊，看来你是很有心的人，能够正确理解老师。

赵：不敢！他有他不足的方面，那比如说，我老师爱开玩笑，不管是谁都爱开玩笑，伤人呐，这就是缺点嘛，那就不要学他这个，对吧？玩笑要适度，但是我不能要求我老师"你开玩笑适度啊"，这没有道理嘛，他一辈子都这样了，他们亲哥俩之间还成天那样，他跟谁都开玩笑。包括师爷他也开，你有什么办法，他就这样，他生活习惯就这样了，但是这是个缺点吗？其实也是个乐观态度，对不对呀？

魏：跟你也开玩笑呀？

赵：开，啥都说，有意思着呢。现在的赵卫东，你也知道，1977年来的嘛，我负责给他办户口去了。因为赵卫东说话声音比较细，说他说话像女

≫ 著名皮影弦师申凤兰

人。齐老师我们俩设一套儿，说看看他长小鸡了没有。我就挺严肃的说，明天给你办户口去，但听你说话挺细的，这个我们得验验身，看到底是男的是女的，如果你没有长小鸡了，不中。这有规定，到时候我们填性别的时候没法签啊。他还胆儿小，才十几岁。齐老师就开始鼓捣说："快看看吧，不看不中啊，要不你就变不成正式工啊。"他很爱开玩笑的。

魏：他爱开玩笑，我觉得是跟他以前演的丑角有关系吧。

赵：对！也有关系。

魏："丑儿"词的影许多是玩笑话，不会这些玩笑话，怎么逗别人乐呀？

赵：这玩笑话吧，可在生活当中就不一样了。

▷ 著名皮影演员丁振耀

魏：他习惯了呗。

赵：但是呢，老爷子也爱发脾气，你比如说，那个赵卫东他爸赵连江，他们老哥儿俩干活的时候，他弄不好了，弄不好了生气啊，生气也没法打架啊，他老是把影人"啪"这么一摔。哎呀，我在旁边看着，都这老大岁数了，工作为什么要生气呢，谁不合适了谁的错，谁主动说了就完了，但为啥双方这样都在生气硬邦邦的。

到我跟我师父打对面工作的时候，说实话我的压力也挺大，那我得猛练功呀，如果不猛练功，弄错以后，老师别说摔你一下子，瞪你一下子，你都是事儿。我就努力适应，但是如果在场面上出问题了，我就说："师父这赖我啊，我这错了！"我不让我老师生气，但是齐老师演传统影，随意惯了，比如演《白蛇传》，他有时候心血来潮了，他就变。他变了以后呢，这事你不知道往哪儿去呀，但是我瞄着他，第一个动作一下去以后，第二个动作我瞄着看他往哪儿去，在场上我先适应他，下来了我再找老爷子去："老师你今儿这是咋弄的？""哦，我把原来的变了。"这样一次两次的，我就扳老爷子这个随意性。

魏：可是传统影戏，还就是这次演出一个样，下次就不见得一样了。

赵：他演《白蛇传》、《牛郎织女》这样的戏都是固定的，因为打击乐的音乐都是固定的，所以这样的戏他想变的时候，场上我肯定适应他，肯定给他堵严了，别人看不出来，但是下来我肯定找老师去："老师你今天是咋弄得？咋加了那些东西？"一次两次可以，时间多了以后，他也觉得不得劲儿了，他就不变了。所以我们爷俩到最后都是"壳子"的东西了。特别是《三打白骨精》的东西，他操纵白骨精，我就得给他拿腿去。1992年去日本演出，当时去的人也多了，我说："齐老师，有的人都闲着呢，这腿让他们拿吧。"老师说："不中不中，他们拿不了。"我想换人他都不让。从第一场，序幕巡山开始，直到最后，这孙悟空所有的动作，说怎么动，一点也不能差。说往前，绝对不能往后，俩人还不用你瞅我、我瞅你的喊"一二"，不用！每个人手上一动就知道怎么回事，所以老人家也觉得，从这一生与我的合作来讲，他都觉得特别顺畅。但是我也觉得能跟老师做到这样，我多骄傲啊，真的，我自己也骄傲，能跟老师合作的十分愉快。

本章小结

我虽然与齐永衡交谈了很多,但别人口中的他,却让我感到了有些新鲜感,特别是他弟子对他的描述,似乎让我从另外的角度看到更立体的齐永衡,许多事情让我有着新的感动,更加深了对这位艺术大师正直气魄与表演技艺精髓的认识,以及对他教授学员方式的理解。

在这次长时间的采访过程中,当我看到他这样一位70多岁的大师级人物,自己带着病体,在家里伺候患病老嫂子的时候,我更感触到了他那真挚、热情、乐观的为人,同时我也真正感悟到什么叫做"德艺双馨"。他就是这样一位有感情、有胸怀、有品德、有绝技的民间皮影艺术家,当代"箭秆王"齐永衡。

注 释

[1] "耍大板",孩童的骨头玩具。
[2] 马庄即昌黎县城西15公里的安山镇。
[3] 到农村插队的知识青年。
[4] "打对面"指的是两位皮影操纵上、下场的对手配合。
[5] "套子"即套路。
[6] "掌卷"即主要操纵人的职位,意思是指掌握演出进度的人。

影戏箭秆王

>> 旗头旦

>> 寿星

≫ 龙王

≫ 许仙

影戏箭秆王

≫ 宫女

≫ 文生公子

> 齐天大圣

齐永衡年谱

1933年2月5日，出生于河北昌黎县城关二街。

1945年，随父亲齐秉勋到锦州、山海关、秦皇岛、昌黎一带戏院和茶社演出。

1948年10月，参加冀东第十二军分区政治部军民影社第三分社。

1952年，随临榆县群众影社调到昌黎县，后改为昌黎县群众影社，任社长；同年，参加唐山地区皮影戏会演，获得表演一等奖。

1953年，与马秀兰结婚。

1955年，被评为昌黎县级劳动模范、先进文艺工作者。

1956年4月，出席河北省先进文化工作者表彰大会；5月初，到湖南参观学习。

1957年2月，经唐山专署调到唐山专区实验影社（当时专区影社驻昌黎县城）；7月，获唐山地区"先进文化工作者"称号；同年，参加第二届唐山地区皮影戏会演，获得一等奖。

1958年，编演新皮影戏《红色卫星闹天宫》。

1959年，唐山专区与唐山市合并，随专区影社迁入唐山市，剧团改名为唐山市皮影剧团。

1960年1月22日至2月9日，在北京参加第二届全国木偶、皮影戏观摩演出会。

1962年，获得唐山市技术新能手奖。

1965年，被选为唐山市青联委员。

1971年7月，在北戴河为柬埔寨国家元首西哈努克亲王、宾努首相及夫人演出。

1972年6月，在北戴河为朱德、徐向前元帅演出。

1975年，开始排演《红云岗》；参加文化部举办的第三届全国皮影木偶会演；7月28

日，唐山大地震，在皮影剧团驻地，腰椎被砸断；10月10日—10月22日，参加第40届秋季广州交易会的演出活动。

1977年，开始排演《三打白骨精》；被评为市文化系统先进工作者。

1978年9月，参加香港凤凰影业公司拍摄的艺术片；被评为市文化系统先进工作者、技术考核一等奖。

1979年，获得文化团体技术考核奖，出席文化系统先进工作者表彰会。

1980年3月，加入唐山市戏剧家协会；4月加入河北省戏剧家协会；"文化大革命"期间被批判为反动学术权威的事情获得平反；在《唐山戏曲》第4期发表文章《谈个人艺术体会》。

1981年11月，被选为中国木偶皮影学会理事；12月5日，参加文化部举办的第四届皮影戏会演。

1982年7月28日，应联合国教科文组织邀请，受文化部派遣赴法国国际木偶学院讲学；11月，加入中国戏曲家协会；12月，入选《中国当代艺术家辞典》；同年，被任命为皮影剧团副团长，并当选为政协唐山市第八届委员。

1983年2月，获得"唐山市先进工作者"称号，任市剧协理事、市文代会第四届委员；4月13日，当选政协河北省第五届委员会委员。

1984年12月28日—1985年2月4日，到美国迪斯尼乐园演出31天。

1985年8月27日—10月29日，出访欧洲三国，在法国、摩纳哥、荷兰演出44天；12月，被评为市文化系统先进工作者。

1986年9月，被选为中国木偶皮影艺术学会副会长；9月18—23日，参加中国第一届艺术节；9月25—29日，参加中国部分省市皮影唐山邀请赛，并获得演出奖第一名；12月23日，出席河北省第五届文代会；12月31日，被评为市文化系统先进工作者；同年，参加文化部在哈尔滨召开的座谈会；哈尔滨民间艺术剧院派遣两名学员来唐山拜师；参加中央新闻电影制片厂来唐山拍摄的纪录片《唐山皮影艺术》；在唐山接待法国友人来访；参加唐山市第一届艺术节，表演剧目《鹤童》。

1987年12月31日，被评为市文化系统先进工作者。

1988年4月21日—5月1日，当选政协河北省第六届委员会委员；4月29日，当选为唐山市戏剧家协会常务理事和副主席；5月24日，参加唐山市文代会，任第五届文联委员；6月，被评为国家一级演员；10月26日，为来唐山访问的日本影法师剧团演出；10月28日，加入中国国民党革命委员会；12月31日，获得"唐山市文化系统先进工作者"称号。

1989年4月3日，河北省皮影木偶艺术学会成立，任会长；10月12日，获得河北省第三届文华奖、记三等功。

1990年4月，获得"唐山市先进工作者"称号；6月11日，在河北省第一届皮影比赛中任评委，获得《鹤童》演出奖、操纵一等奖；8月13日，被选为唐山市民革支部主委；8月，为中央民族学院排演教学节目；9月13—17日，参加亚运会艺术节的演出。

1991年3月，获得90年度"文化系统先进工作者"称号和科技兴唐先进奖；3—4月，日本友人宫本吉雄专程来看其演出并座谈关于邀请赴日演出事宜；10月15日—17日，参加河北省先进文化工作者经验交流会；11月29日—12月3日，被评为全国先进文化工作者，出席表彰大会。12月，《团结报》头版头条报道《德艺双馨齐永衡》，记二等功一次。

1992年1月9日，为河北电视台排演皮影艺术片《燕赵春来早》；1月，任民革唐山市委第五届委员会副主委；6月20日—8月17日，出访日本，演出皮影戏，68天在66个城市演出70场；8月19日，参加全国皮影戏会演，获得特别荣誉奖和导演奖；9月，任民革河北省第七届委员会委员；12月，中国木偶皮影艺术学会颁发表彰"从艺四十周年"荣誉证书，被河北省人大第七次会议选举为全国第八届人大代表；同年，参加政协河北省第五次会议。

1993年3月15日，出席全国第八届人大代表会议；4月4日，任政协唐山市第七届委员会委员；5月23日，唐山市政府记功表彰会，为其1992年会演记三等功；7月，赴承德为中国首届酒文化节研讨会演出；8月，拍摄电视片《醉人的老呔影》；11月16日—26日，参加中国广州文化艺术精品博览会；同年，任唐山市戏剧家协会第三届副主席、唐山市文联第六届委员。

1994年1月3日，参加全国人大代表视察工作；1月15日—19日，参加民革河北省七届二中全会；3月7日，参加全国人民代表大会八届二次会议；3月13日，参加民革中央茶话会，下午李鹏总理接见并合影；3月15日，江泽民主席接见并合影；3月16日，在全国人民代表大会上表演皮影戏《鹤与龟》；3月31日，赴台湾演出；6月16日，开始享受国务院政府津贴；9月24日，在唐山宾馆为李岚清演出皮影戏；10月1日，赴德国演出，参加意大利第十六届国际木偶节。

1995年3月2日，参加全国人大代表会八届三次会议；3月23日—4月22日，赴台湾14个城市演出17场；7月，要求离休并辞去副团长职务，赴欧洲三国演出；9月，德国劳达戈先生第二次来访；于当年离休。

1996年7月，为纪念唐山地震20周年，《东方之子》栏目专题录像；7月27日，为李鹏总理与夫人朱琳及宋健、吴邦国、丁关根等领导人专场演出；8月，被评为河北省劳动模范。

1997年1月，任民革唐山市名誉主委；11月，任中国木偶皮影艺术学会名誉会长。

1998年7月，随哈尔滨韩非子皮影剧团赴上海参加国际卡通节的演出活动。

1999年，中央电视台制作了《箭秆王》专题报道。

2000年—2001年，为唐山艺术学校5名学习操纵的学员授课，为牛秀芬艺术团培训演员。

2004年，被冀东民俗博物馆聘为名誉馆长与顾问；中国国际音像出版社出版了《齐永衡表演艺术专辑》VCD；两次受邀参加唐山电视台《百姓话题》讲座，另有专题采访节目。12月，中国木偶皮影艺术学会授予其"终生成就奖"。

2005年6月，为山西孝义皮影剧团排演《刘胡兰》；10月，在中国唐山国际皮影艺术节会演中任评委，并在学术研讨会上发言。

后 记

因为自幼就与"箭秆王"齐永衡非常熟悉，因为他的皮影表演技艺出神入化，因为他这一笔珍贵的非物质文化遗产还没有记载，因为有许多搞皮影工作的朋友想要看到关于他的介绍，也因为我一直在做中国皮影戏的研究工作，或许还有许多个因为，所以我一直想把他的艺术经历写成一本书，或者帮他的弟子把他操纵的画面和相关文字搞成一个完整资料。总之，一个大师为世人所留下的艺术经历与经验是祢足珍贵的。

作为传统技艺的保存倒还不难去做，但是基本功的磨炼、艺术修养的内功，却是只能意会而难于言传了。用齐先生的话说："这个得基本功再加上悟性，心里想哪儿，手做到哪儿。你的手到了，心到不了也不中，心到了，手到不了也不中。"

记得在前几年，我策划了唐山传统皮影戏经典剧目抢救性拍摄的一项工程，而且亲自做主编、文字校对和后台摄像，当时也曾经与齐兄商量搞一个关于他的表演专辑，但他以节目还不成熟为由推却了。看着其他许多皮影艺人的嗓子逐渐老化已经不能再演唱，我心里很着急，希望在齐兄身体状况尚好的情况下，能给社会保留下他那"闪电般、魔术般的技艺"。在2004年7月5日，我与制片人张洪起再次到唐山商谈拍摄《唐山皮影著名老艺人唱腔精粹》和《皮影艺术大师齐永衡表演艺术专辑》的事情，这次邀请到的皮影表演艺术家有齐永衡、丁振耀、邱连贺、武义山、申凤兰、齐永清、彭佐臣，同时还有开滦矿艺术团的皮影戏新秀张桂凤等人。

这次拍摄主要目的是抢救性拍摄老艺术家们的艺术资料，这些当年在皮影戏舞台上显赫一时的著名艺术家，有些人已经是风烛之年了：当时已经85岁（1920年生人）的武义山是唐山皮影戏非常著名的生角演员，84岁（1921年生人）的邱连贺是乐亭老一辈艺术家孙品卿的传人，在小旦行当中有着独特艺术建树；丁振耀（1938年生人）是著名的皮影戏净行演员，素有影戏界"裘盛戎"之美誉；而皮影表演艺术大师齐永衡那年也已经72岁了。我们现在能够把他们的艺术表演录制保留下来，也就是我们保护民间皮影戏的基础性工作。

在拍摄期间，我有机会再次在齐兄的身后仔细观看到他的表演艺术，这是在操纵表演《五锋会》刺杀乔步清一段时蓝素艳藏宝剑的细节。我看过别人关于这段的表演，一般都是蓝素艳在藏好宝剑以后就坐下等乔步清来入洞房了，而齐永衡的表演却有蓝素艳坐下以后再回头看看宝剑是否藏好，当她看到宝剑有剑穗暴露在外的

影戏箭秆王 后记

时候，蓝素艳突然吃了一惊，马上再次藏好，坐下后还摸摸胸口，显得有些惊魂未定的感觉。这些细节的表演，使你感到皮影人是活的、有生命的了。

这次整理齐永衡的口述史，开始觉得不会很难做，毕竟在自己这里保存着大量早年的访问笔记和录音、录像资料，但是由于资料过于零散，难成系统，所以就草拟采访大纲重新进行访谈。在访谈资料的整理过程中，又发现其口述中的断句的话很多，可以意会但难成文字。同时还发现口述中涉及的老艺人、老剧目、老剧场的照片资料明显不足，随后我又重新搜集这些照片资料，而且有的资料则需要再到我和齐兄的老家去寻访。

本书编写过程中，得到了专家学者、民间艺人等相关人士的热切关心和大力支持。中国艺术研究院王文章院长、王海霞研究员对该丛书进行了精心的策划；辽宁大学乌丙安教授，国家博物馆宋兆麟研究员，中国艺术研究院研究员吕品田、梁江、方李莉、郑工就口述史的记录整理工作问题做了精彩的讲座，与记录整理人员进行了座谈；唐山冀东民俗博物馆李晓阳、著名摄影家成贵民、昌黎的张向东、王士杰等人提供了部分宝贵的图片资料；本书的编写工作还得到了齐永衡及其家人、弟子以及其他朋友的共同协助，在此一并致谢！

2008 年 7 月于石家庄

> 冀东传统皮影戏《武家坡》（魏力群收藏）

≫ 花罗帽皱眉小生